Carto
grafias
Literá
rias

Copyright do texto © 2012 Annabela Rita
Copyright da edição © 2012 Escrituras Editora

Todos os direitos desta edição cedidos à
Escrituras Editora e Distribuidora de Livros Ltda.
Rua Maestro Callia, 123 – Vila Mariana – São Paulo, SP – 04012-100
Tel.: (11) 5904-4499 – Fax: (11) 5904-4495
www.escrituras.com.br
escrituras@escrituras.com.br

Criadores da Coleção Ponte Velha: António Osório (Portugal) e
Carlos Nejar (Brasil)

Diretor editorial: Raimundo Gadelha
Coordenação editorial: Mariana Cardoso
Assistente editorial: Ravi Macario
Projeto gráfico e diagramação: Schäffer Editorial
Capa: DesignGlow
Imagem da capa: Annabela Rita
Revisão: Paulo Teixeira, Jonas Pinheiro e Tânia Pêgo
Impressão: Graphium

Dados Internacionais de Catalogação na Publicação (CIP)
(Câmara Brasileira do Livro, SP, Brasil)

Rita, Annabela
Cartografias literárias / Annabela Rita. –
São Paulo: Escrituras Editora, 2012. –
(Coleção Ponte Velha)

Bibliografia.
ISBN 978-85-7531-435-7

1. Literatura portuguesa - História e crítica

12-10956   CDD-869.09

Índices para catálogo sistemático:
1. Literatura portuguesa: História e crítica 869.09

Edição apoiada pela Direcção-Geral do Livro e das Bibliotecas/Portugal.

Impresso no Brasil
Printed in Brazil

CARTOGRAFIAS LITERÁRIAS

Annabela Rita

escrituras

São Paulo, 2012

SUMÁRIO

INSTRUMENTOS DE ORIENTAÇÃO 8
GPS para geografia incerta 9

TERRITÓRIOS 26

1. Da casa da palavra... 27
   Da Literatura Portuguesa Contemporânea
   Uma travessia com pontos luminosos...................29
2. ... à palavra da casa....................................49
   Da Poesia Portuguesa Contemporânea...................51
3. ... à palavra entre casas... 67
   3.1. Entre o eu e o outro: coordenadas de uma
        cartografia identitária..............................69
   3.2. Reconfigurações da Europa na Cultura Portuguesa
        do Romantismo ao início do século XX 83
   3.3. Jardins da Literatura 93

DIÁRIOS DE BORDO 110

Da acostagem: processo e lugares 111

1. *Primeiro diário: "José Matias" (1897) de
   Eça de Queirós*.. 113
2. *Segundo diário: "O Silêncio" (1966) de
   Sophia de Mello Breyner Andresen* 130
3. *Terceiro diário: "A Casa do Mar" (1970) de
   Sophia de Mello Breyner Andresen* 137
4. *Quarto diário: "Cidades" (2007) de Teolinda Gersão* ... 161

SOBRE A AUTORA 173

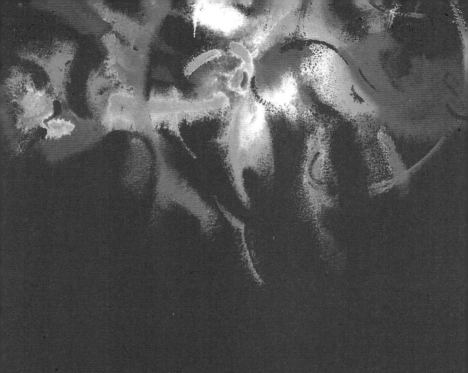

Instrumentos de Orientação

GPS[1] PARA GEOGRAFIA INCERTA

Há o brilho febril de um tempo antigo
Que se debate emerge balbucia

E ali se vê o brilho vivo que navega no interior da sombra. Ali se ouve a linguagem que, como nenúfar, aflora à tona das águas paradas do silêncio. [...] Ali o ar, em frente dos espelhos, oscila e parece arder [...].

Sophia de Mello Breyner Andresen

Era um país ainda por dizer
e uma flauta cantava. Nos salgueiros pendurada
ou na palavra. Uma flauta
a tanger
a língua apenas começada. Subia
pelo nervo e pelo músculo
como quem assobia no acento agudo
e no esdrúxulo. Algures por dentro
do país mudo. Uma flauta floria
sobolos nomes que vão
para nenhures. [...]
[...] Com seus cântaros
e alegrias suas câmaras
da memória. [...]
[...] Chamavam por ela
os antigos e os apelos ecoavam.
[...]
[...] Nos salgueiros velhas harpas
perguntavam: onde nos levas?
Algures
No país das trevas.
Sobolos rios que vão
para nenhures.

Manuel Alegre

---

1   Global Positioning System (GPS).

É consensual que vivemos uma mudança de paradigma na conceptualização e na prática do estético,

> [...] tão substancial na evolução do conceito de arte, como o que se verificou entre a Idade Média, o Renascimento e o Maneirismo, com o declínio da concepção clássica (artesanal-canónica-intelectualista) da arte e o advento da concepção moderna (ligada às noções de génio individual, sentimento, fantasia, invenção de regras originais)[2].

Não é meu intuito refletir agora sobre o conceito de Arte, em geral, ou da Literatura, em particular, nem sobre critérios que a informam e condicionam a sua recepção, quer em termos comunicativos, quer a nível da sua avaliação. *Reino Flutuante*[3], *Mosaico Fluido*[4], *Matéria Negra*[5], dentre outras, são expressões significativas dessa *fluidez*[6] *e ausência de fronteiras definidas do literário*, mas também da natureza metamórfica do fenômeno estético em permanente re-cartografia, consagrando hoje o que ontem era marginal e excluindo o que antes era central ou incontestado, redesenhando-se, reinventando-se[7]. E, nessa instabilidade, a busca da sua *legitimação* verifica-se, quer por via endógena (quando o texto se inscreve numa linhagem ou a evoca), quer por via exógena (quando a disciplina que o estuda reflete sobre os seus fundamentos, natureza e convenções).[8]

---

2   Eco, Umberto. *A Definição da Arte*, Lisboa, Edições 70, 2006, p. 124.

3   Coelho, Eduardo Prado. *O Reino Flutuante – Exercícios sobre a Razão e o Discurso*, Lisboa, Edições 70, 1972.

4   Amaral, Fernando Pinto do. *Mosaico Fluido – Modernidade e Pós-Modernidade na Poesia Portuguesa mais Recente*, Lisboa, Assírio & Alvim, 1991.

5   Martins, Manuel Frias. *Matéria Negra. Uma Teoria da Literatura e da Crítica Literária*, Lisboa, Cosmos, 1993.

6   Aspecto sintomaticamente recorrente na caracterização do literário, destacado até em título de obras, p.ex., por Eduardo Prado Coelho (*A Mecânica dos Fluidos*, 1984) e pelo já referido Fernando Pinto do Amaral.

7   Sobre a *historicidade* da Literatura vasta e diversificada bibliografia reflete, mas sinto-me tentada a destacar a síntese, com bibliografia final de Manuel Gusmão, "Da Literatura enquanto Cons-trução Histórica". In: Helena Buescu, João Ferreira Duarte e Manuel Gusmão (org.). *Floresta encantada: novos caminhos da literatura comparada*, Lisboa, Dom Quixote, 2001, p. 181-224.

8   Cf. Lopes, Silvina Rodrigues. *A Legitimação em Literatura*, Lisboa, Cosmos, 1994. Também: Buescu, Helena Carvalhão. *Emendar a Morte – Pactos em literatura*, Porto, Editorial Campo das Letras, 2008.

Deixo essa questão de lado e passo ao que me interessa aqui e que é do domínio da comunicação literária.

Centrando a minha atenção no *literário*, constato que ele me atinge, me atrai e se fixa na minha memória, especialmente por duas vias que passo a enunciar.

Por um lado, atrai-me pela *estratégia discursiva*: ler é corresponder, a meu modo, a uma interpelação suspensa, a um convite em aberto, é *mover-me com* nessa *cena* fantasmática em que a palavra me inscreve, onde vivo uma *conjugalidade perversa*, imaginando o *outro* e calculando o *outro* a fantasiar-me, às vezes, a autorrepresentar-se nesse processo de maneira oblíqua (simbólica, anamorfótica e/ou fragmentariamente), desafiando o reconhecimento[9].

Por outro lado, conquista-me através de *estímulos* mais pregnantes, *motivos* (usarei esta designação, na sua máxima "neutralidade", para imagens, esquemas acionais, etc) que se impõem à minha atenção, que evocam outros em cadeia e que sobrevivem na minha memória depois de fechar o livro. Sobrevivência por *impressividade* e por *densidade*. A *impressividade* decorre da conjugação da sua *saliência* relativamente ao que o rodeia (moldura evidenciadora)[10] com a sua capacidade de produzir *efeito* emocional e racional no leitor, a um tempo singular e semelhante culturalmente. Quanto à *densidade* desses *motivos*, resulta de diferentes fatores: da *hipercodificação* inerente ao estético; da memória deste (referências maiores, linhagens estéticas[11] ou cânone[12] mais representativo); da memória cultural coletiva neles condensada; da(s) visão(ões) prospectiva(s) da comunidade (ou

---

9   A esta questão dediquei a reflexão "Então, *about Looking-Glass House*" em *Breves & Longas no País das Maravilhas*, Lisboa, Roma Editora, 2004, p. 97-121. Dentre outros, Umberto Eco tem-lhe dedicado importante e estimulante reflexão (p.ex., em *Obra Aberta*, 1962; *Leitura do Texto Literário – Lector in fabula*, 1979; *Seis Passeios nos Bosques da Ficção*, 1994).

10 Cf., dentre outros, Gil, Fernando. *Tratado da Evidência*, Lisboa, INCM, 1996, e *Modos da Evidência*, Lisboa, Imprensa Nacional – Casa da Moeda, 1998.

11 Cf. Eliot, T. S. *Ensaios de Doutrina Crítica* (com prefácio seleção e notas de J. Monteiro-Grillo), Lisboa, Guimarães Editores, 1962; "A tradição e o talento individual", p. 19-32.

12 Cf., em especial, Bloom, Harold. *O Cânone Ocidental*, Lisboa, Círculo de Leitores, 1997.

de grupos significativos) neles expressa(s); às vezes, também, da sua capacidade *agregadora* e *mobilizadora*, origem de pactos e de movimentos transformadores.

Na verdade, *impressividade* e *densidade* interpenetram-se, combinam-se e coexistem na razão direta uma da outra: um *motivo* é tanto mais pregnante quanto melhor *cristalizar* em si (um)a memória coletiva (estética e cultural)[13] e mais expressivamente a *configurar*. Inteligível na e pela sua inscrição na história da cultura, na linhagem estética e no discurso artístico. A sua *genealogia* é feita de confluências, de tangencialidades, de contaminações e de metamorfoses, dotando-o de uma patrimonialidade e de uma capacidade de significação que o adensam, o subtilizam e o complexificam, suspendendo-o em interdiscursividade, entretecendo-o de sentidos e de pressentidos, oferecendo-no-lo como *objeto suspeito* e *sedutor* apelando à investigação "arqueológica". Em suma, ele é dotado de "saliência cognitiva"[14].

Na Retórica, a Tópica[15] assume a função de observar a permanência de certos *motivos* (os *topoï*), a sua retomada e convocação textuais: identifica-os, enumera-os, compendia-lhes os exemplos, perscruta-lhes a itinerância. A escrita e a leitura promovem a sua transformação e reconhecimento. Leitura que é, aliás, dotada de história, como diz Alberto Manguel[16]: por um lado, a minha perspectivação de uma obra vai-se alterando em função da mudança das minhas próprias referências, constituindo-se como sinédoque e sinal do meu *crescimento* como leitora; por outro lado, qualquer obra vai sendo diversamente interpretada (sincrônica e diacronicamente), e esse *olhar analítico*, múltiplo e heterogêneo

---

13 Essa *memória comum* de que se fazem as "comunidades imaginadas" de que nos fala Benedict Anderson (*Comunidades Imaginadas*, Lisboa, Edições 70, 2005).

14 Gil, Fernando. *Modos da Evidência*, Lisboa, Imprensa Nacional–Casa da Moeda, s.d. [1998], p. 198.

15 Cf., dentre outros, Ernst R. Curtius. *La littérature européenne et le moyen âge latin* [1948], P.U.F., Paris, 1956. [em especial, o capítulo V ("La topique")]. Trad. de Paulo Rónai e Teodoro Cabral: *Literatura Européia e Idade Média Latina*, São Paulo, Edição de Instituto Nacional do Livro, 1957: "A Tópica", p. 82-110.

16 Manguel, Alberto. *Uma história da leitura* (trad. Ana Saldanha), Lisboa, Presença, 1998.

também a informa e complementa. No conjunto, tudo converge numa história complexa: a da *metamorfose* do *motivo* (num sentido mais amplo do que o da Tópica tradicional).

Óbvia e/ou subliminarmente, a *sobreimpressão*[17] *constitui o motivo*, institui-o, promove a sua sobrevivência no imaginário individual, imprime-o no leitor, e dissolve as fronteiras entre os discursos e as práticas artísticas, legitimando uma perspectivação *interartes*, transversal e abrangente, *compreensiva*.[18]

Inesquecível, incontornável, obsessivo, até, o *motivo*, em qualquer das suas *configurações* (literária, musical, pictórica, escultórica, etc), *cristaliza* um imaginário difuso, *representando-o* (na confluência da síntese, da sinédoque, do símbolo e/ou da metáfora), e, ao mesmo tempo, convoca a sua corte de *duplos*, sósias, semelhantes e dissemelhantes, travestidos, cúmplices e rivais: a sua *vibração* semântica, estética e cultural (no sentido mais lato dos conceitos) é tanto mais plena quanto mais e melhor deixar ecoar em si a dessa diversificada e multímoda plêiade que lhe habita a *memória* (autoral, textual e de leitura, apenas semicoincidentes), *corporificando* imaginariamente esses *outros* do mesmo e de diferentes discursos estéticos, *fantasmizado* por eles e com eles dialogando, *adensado* na sua *transparência*. Um *museu imaginário* (para evocar o título de André Malraux). Cada *motivo* arrasta consigo esses *outros* cujas origens e modalidades discursivas podem diferir, mas sem colocar no centro da reflexão a relação entre as artes[19] nem a que distingue sistemas

---

17 Evocando o título de uma obra de Maria Lúcia Lepecki, antiga professora, a quem assim home-nageio: *Sobreimpressões: Estudos de Literatura Portuguesa e Africana*, Lisboa, Caminho, 1988.

18 Sobre esta problemática e área disciplinar, cf., em especial, a síntese, com bibliografia final sistematizada, de Claus Clüver, *Estudos Interartes: Introdução Crítica*. In: Helena Buescu, João Ferreira Duarte e Manuel Gusmão (org.). *Floresta encantada: novos caminhos da literatura comparada*, Lisboa, Dom Quixote, 2001, p. 333-382. Abordando também sinteticamente a história do diálogo entre estas áreas disciplinares, cf., ainda, Jean-Michel Gliksohn. *Literaturas e Artes*. In: Pierre Brunel e Yves Chevrel (org.). *Compêndio de Literatura Comparada*, Lisboa, F. C. Gulbenkian, 2004, p. 263-282.

19 Por exemplo, no sentido em que Etienne Souriau fala nelas em *A Correspondência das Artes. Elementos de Estética Comparada* (1969), São Paulo, Cultrix, 1983.

estético-culturais (escolas, movimentos, etc): ele vive e significa nesse *trânsito metamórfico*, nessa travessia dos discursos, também eles, por sua vez, sujeitos às transformações que os afetam, ele só é na *difference*, na *deriva* que lhe constitui a trajetória e a existência. Encará-lo na singularidade e pontualidade da sua ocorrência e *configuração* textual seria esquecer a sua *vida*, a sua emergência sistemática, recorrente, mas em *alterização*. Qual *casa-búzio-texto* de Sophia de Mello Breyner Andresen, onde o mar ressoa com vagas e marés de ecos e de silêncios, de vozes e de timbres, de vocalizações e de discursos, mar de memória...

Inerente ao *motivo* é a *representação*[20]: ele é um sistema relevando de outro e integrado noutro ainda (cultural, estético). Essa *representação* constrói-se à semelhança da *bricolage* com que François Jacob caracteriza a vida e o funcionamento cerebral[21]. Por um lado, um fragmento mnésico combina-se com elementos imaginativos derivados de outro(s) sistema(s) englobante(s) para formar uma nova e coerente unidade. Por outro lado, ao próprio movimento de (des)contextualização e de recontextualização é inerente um processo de perda e de conquista semânticas, fato, só por si, responsável por uma *mudança funcional* e, consequentemente, *ontológica* do *motivo*: visto de *outra* perspectiva, *outro* parecerá. O contexto não *emoldura* simplesmente: integra, como uma *frase* que direciona o signo.

Assim sendo, a *metamorfose* habita o *motivo* (no sentido em que tenho vindo a encará-lo), fenômeno análogo ao da memória genética (tal como hoje se concebe): ele contém em si a história da sua gênese e reconfigurações, sinais da sua transformação, da alteridade que a identidade foi conquistando. Ele é *objeto em fuga, capriccioso*, concretizando na literatura a *Arte da fuga*[22] que Bach consagrou e que tantos têm explorado. Cada

---

20 Cf. Rorty, Richard. *Philosophy and the Mirror of Nature*, Princeton, Princeton University Press, 1980.

21 Cf. Jacob, François. *O Jogo dos Possíveis*, Lisboa, Gradiva, s.d. [1995].

22 *Die Kunst der Fuge*, iniciada em 1742.

estádio dessa metamorfose está consubstanciado num *lugar* (texto, discurso, e, nestes, podendo ir da tradicional imagem estilística à diegética e acional) e corresponde a uma *codificação* estética e cultural (daí eventual representatividade) ou difere dela (garantia de singularidade). Como um corte epistemológico, ele deixa ver, perscrutar ou suspeitar, mostra ou insinua, *concentra* um imenso *desdobrável*. *Um grão de areia* contendo em si *um universo*...

No seu percurso, o *motivo* traça um itinerário de pontos luminosos na história do discurso artístico em que se vai reconfigurando e evoca homólogos de outros discursos: sinaliza a metamorfose do cânone, a transformação estética, a mudança do gosto e das sensibilidades[23]. Uma história complexa, multímoda. Favorece a perspectivação das poéticas do *detalhe*[24], ou a da comparação entre artes, ou a das correspondências entre percepções[25], ou a do confronto entre sistemas estético-culturais, mas não se esgota nessas abordagens nem as elege em especial: apenas não as omite nem dissimula a sua possibilidade. Ele é uma espécie de *observatório*: *onde* e *por onde* se acede ao diverso que o informa e que o caldeou até ao *olhar leitor* (que lhe confere *identidade* numa atualidade sustentada na projeção retrospectiva e prospectiva),

---

23 No caso das artes visuais, isso potencia o *olhar iconológico*, o questionamento dos *programas estéticos* que informam o objeto artístico. Vítor Serrão distingue, a propósito: "a *Iconografia descreve, a Iconomía organiza e a Iconologia interpreta*", aceitando o esclarecimento de Aurélio (no *Dicionário*) sobre a *Iconomía* como "toda a documentação visual que constitui ou complementa obra de referência e/ou de carácter biográfico, histórico, geográfico, etc" e sobre *Iconologia* como "parte da história das belas-artes" consagrada à "explicação de imagens ou monumentos" "em diversos artistas e épocas" (Op. cit., p. 50, nota 65).

24 Cf. para além das referências bibliográficas possíveis, a interdisciplinaridade e a interdiscursividade que o "detalhe" tem no diálogo interdisciplinar e interdiscursivo iniciativas expressivas da atenção da comunidade científica, como é o caso de Colóquio "Détail et totalité" promovido pelo CIPA (Centre Interdisciplinaire de Poétique Appliquée) da Université de Liège, de 24 a 26 Outubro de 2007 <http://www.cipa.ulg.ac.be/logo/colloque.htm>.

25 Na teorização estética ou na prática artística, a busca desta correspondência entre as percepções sensoriais ou de sinestesias que combinem algumas delas tem longa tradição e destacados representantes até à noção da "obra de arte total" (Wagner), integradora. Da abordagem mais erudita à banalização dos conceitos, não nos surpreendem as equivalências ensaiadas entre a imagem e a palavra (*ut pictura poesis*) ou entre a palavra e a música, ou entre esta e a imagem (cf., como ex. desta, Luísa Ribas. "Correspondência e convergência entre sons e imagens" em <http://texto.fba.up.pt/?p=55&lp_lang_pref=pt#_ftn2>).

heterogeneidade eventualmente susceptível de parcial organização interpretativa (buscando *linhagens* e *clivagens*), no texto que o inscreve, na obra autoral, no tipo de discurso que o configura (literário, pictórico, musical, etc), e/ou na cultura em geral (no sentido mais vasto do conceito).

Neste sentido, o *motivo* é lugar de *crise* e de *fulgurância*, *dramático* por excelência: gera-se na morte da sua anterioridade, brilha na concentração semântica e perspéctica e falece na génese da sua posterioridade.[26] Na vertigem da morte entre-vista e do pacto faustiano pela visibilidade cintilante, vive narcísica nostalgia, convicto da sobrevivência imaginária, da presença ausente, da persistência insuspeitada, do reconhecimento eventual, da singularidade mesmo na semelhança. *Lugar do Anjo* (parafraseando Eduardo Lourenço[27]) ou *Anjo do Lugar* (o texto), indefinição radicada na combinatória dos dois termos, tensa de contradição ontológica que a inadequação (de *lugar* a *anjo* e vice-versa) insinua. *Lugar* ou *Anjo* potenciando reconhecimento e irreconhecimento, esquecido de *si* e por *si* lembrado, e de *outros* e por *outros*...

Vítor Serrão, no seu estimulante A *trans-memória das imagens: estudos iconológicos de pintura portuguesa (séculos XVI-XVIII)*[28], começa com uma evocação epigráfica de Mia Couto[29] que denuncia a combinação de esquecimento e permanência na memória[30]:

> Fala de Arcanjo Mistura, o Barbeiro de Vila Longe: "*Primeiro, perdemos a lembrança de termos sido do rio. A seguir, esquecemos a terra que nos pertencera. Depois da nossa*

---

26 É, aliás, este o ponto de partida dos ensaios reunidos por ordem cronológica de autores em *Emergências Estéticas* (Lisboa, Roma Editora, 2006, p. 15). Cf., em especial, Régis Debray. *Vie et Mort de l'Image – Une Histoire du Regard en Occident*, Paris, Gallimard, 1992.

27 Lourenço, Eduardo. *O Lugar do Anjo*, Lisboa, Gradiva, 2004.

28 Chamusca, Cosmos, 2007.

29 Couto, Mia. *O Outro Pé de Sereia*, Lisboa, Editorial Caminho, 2006, p. 331.

30 Às vezes, como afirma Vítor Serrão, o esquecimento é das circunstâncias históricas: "A memória das imagens também se entrelaça com a desmemória das circunstâncias que as geraram e se confunde com a nossa incapacidade de saber ver através da precaridade da informação disponível [...]". (Op. cit., p. 22).

memória ter perdido a geografia, acabou perdendo a sua própria história. Agora, não temos sequer ideia de termos perdido alguma coisa".[31]

Considerando as obras de arte como *jogos de espelhos* e *reservatórios de memórias* transportando em si *indícios de tempo*[32], sublinha a *dimensão memorial das imagens artísticas*[33] e o facto de elas relevarem de programa[s] artístico[s] preciso[s][34], acabando por propor "o *conceito de trans-memória* aplicado ao estudo integral das imagens artísticas", às obras como "*laboratório[s] de memórias acumuladas*, que sobrevivem e perduram, seja nas franjas do subconsciente, seja na prática da criação e da re-criação dos artistas"[35]. Nessa proposta e na sua concretização confluíram leituras de Martine Joly[36], de Roland Barthes[37], de Louis Marin[38], de Georges Didi-Hubermann[39] e de E. Panofsky, que menciono por serem também fonte inestimável para mim (além de outros cujos nomes tenho referido e que cito quando estratégico).

Ora, contemplando eu no conceito de *imagem* a que a própria *litera* literária projeta na minha imaginação (por isso preferi, aqui, falar em *motivo*), *visualizada* (em função da subjetividade de cada um, autores e leitores)[40], interessa-me observar esse *trânsito transformador* dela (do *motivo*) *através* dos textos (e destes com ela, como enfatizava Louis Marin), não me atendo apenas ao seu

---

31 Ibidem, p. 7.

32 Ibidem, p. 7-8.

33 Ibidem, p. 9.

34 Ibidem, p. 8.

35 Idem, p. 8.

36 Joly, Martine. *Introduction à l'analyse de l'image*, Paris, Nathan, 1994.

37 Em especial, *La Chambre Claire: Note sur la Photografie*, Paris, Gallimard, 1980.

38 Em especial, a obra *Des pouvoirs de l'image*, Paris, Seuil, 1993.

39 Em especial, a obra *L'Image survivante: histoire de l'art et temps des fantômes selon Aby Warburg*, Paris, Minuit, 2002.

40 Cf. sentido em que Etienne Souriau, p.ex., fala dela como arte "representativa" em *A Corres-pondência das Artes. Elementos de Estética Comparada* (1969), ed.cit., "Morfologia da obra literária", p. 125-132.

programa artístico preciso, mas atentando igualmente nos que ela foi atravessando e *assimilando* na sua própria *metamorfose*[41]: seduz-me a imensa capacidade de *sugestão* de uma imagem e o modo como ela, condensando em si linhas de sentido do texto que a emoldura e a integra, potenciando-as, o faz, também, estimulando uma *memória esquecida*, semidissolvida, ofelicamente submersa na do leitor, funcionando como *interruptor* de uma cadeia imaginária que expande o universo lido até ao infinito potencial, condicionando a comunicação (na origem, como no destino), despertando outras adormecidas no nosso subconsciente e alimentando-se conotativamente delas.

E interessa-me, também, escutar o *diálogo* que, através do tempo, do espaço, dos tipos de discurso, dos "estilos" e dos autores, os textos desenvolvem entre si, fazendo com que, para o leitor, a arte, em geral, surja como uma composição extremamente complexa, polifônica e multiforme, tecida por interpelações, respostas, correspondências, acompanhamentos, continuações ou ruturas, composição dialógica, portanto, onde é possível distinguir *linhagens*, continuidades e descontinuidades, mas onde mais nos atinge essa espécie de *coro* multímodo, diverso, jogo de espelhos e de reflexos, de sombras e de luzes, de transparências e de opacidades, de dissonâncias e consonâncias, onde a identidade se insulariza sempre em vasto e incontável arquipélago.

Além disso, interessa-me, ainda, observar o modo como as imagens adquirem *espessura semântica* e *funcionalidade* nos textos, devido às relações que tecem com o que neles as rodeia, chegando a orientar ou a sinalizar hipóteses de leitura, às vezes, até, a conciliá-las e a promover o trânsito reflexivo entre elas.

Inquestionável poder da imagem. Emergindo e deslizando como sereia, a imagem seduz-nos com um canto que nos arrasta *para além* dela, mais *para trás*, *para o lado*, para uma *geografia*

---

41 Na feliz expressão de Louis Marin traduzida por Vítor Serrão, "a imagem percorre os textos (as ideias) e transforma-os; percorrida por eles, os textos transformam-na" (cit. por Vítor Serrão. Op. cit., p. 19).

incerta, indecisa, indecidível até… Surpreendente, insinuante, escorregadia, encantatória.

*   *   *

Olhando para trás, para os meus livros anteriores, constato que formam um *puzzle* de perspectivação da evolução estética da literatura do Romantismo até aos nossos dias, numa trajetória que tende a reava-liar esse itinerário em função de uma leitura cada vez mais interdisciplinar e inter-artes. Cada um deles se organiza como obra orgânica, inscrevendo-se, ainda, noutra mais abrangente, em jeito de hipo/hipertexto. A arquitetura de *obra* é evidenciada, quer pela organização dos volumes, quer pelas 'legendas' introdutórias ou subtítulos.

Breves & Longas no País das Maravilhas (2004), dividido entre o ensaio cultural e o literário, é mais 'lateral' a este *puzzle*, visando demonstrar essa perspectiva interdisciplinar e apetente do diverso cultural, integrador e compreensivo. Aliás, ao ensaiar a pintura e a escrita de fragmentos poéticos, como fiz[42], também senti compreender mais intimamente o ato criativo como fenômeno comunicativo especial, marcado pela memória cultural e estética.

No Fundo dos Espelhos[43] constitui um díptico, obra-guia de uma reflexão de décadas sobre a literatura portuguesa moderna e contemporânea. O volume I perscruta a *cena literária*, a fantasmática comunicação entre autor e leitor, cada um entregue à construção do outro e à sua *figuração* para ele, trabalhando diferentes aspectos dessa evolução literária (retóricos, intermediais, comunicativos). O

---

42 Na minha página do *site* TRIPLOV <http://triplov.com/anna_bela_rita/index.html>, estão alguns exemplos dessas minhas incursões na pintura e na escrita de fragmentos poéticos: "Cores" <http://triplov.com/anna_bela_rita/cores/FrameSet.htm> e "A Negro e a Cor" <http://triplov.com/anna_bela_rita/negro_cor/index.htm>, por um lado, e "A negro e cor" <http://triplov.com/anna_bela_rita/fragmento.htm> e "Entre curva e traço" <http://triplov.com/anna_bela_rita/entre_curva.htm>.

43 *No Fundo dos Espelhos* (2 v.), Porto, Edições Caixotim, 2003-06: *No Fundo dos Espelhos. Incursões na cena literária* (v. I), Porto, Edições Caixotim, 2003; *No Fundo dos Espelhos. Em visita*, Porto, Edições Caixotim, 2007.

volume II especializa-se tematicamente, *visitando* a literatura como uma *casa metamórfica* que se transforma desde a sua literalidade ficcional, até à sua materialidade vocal. As abordagens de ambos os volumes são convergentes e complementares.

Desenvolvo em *No Fundo dos Espelhos* (2003-07) uma análise interdisciplinar, perspectiva evidenciada desde a abertura do volume I com o fragmento que se segue à epígrafe, em que assumo como *simile* do meu olhar ensaístico a "objetiva" cinematográfica (também *imagem* da escrita literária), *simile* mantido na arquitetura da obra.

Por um lado, evidenciei a 'interdisciplinaridade' arquitetónica das próprias obras, o diálogo que elas mantêm na literatura e com ou-tros discursos estéticos, atentando ao detalhe, ao pormenor significativo desse diálogo entre textos, entre discursos e entre estéticas.

Além disso, sublinhei a dimensão comunicativa (retórica) dos textos, compreendendo-os no seu contexto cultural: desde uma estratégia romântica de conquista e de condução do novo público sem competência literária para o transformar no plano cultural, literário e cívico, herança iluminista da primeira geração romântica, até à contemporaneidade de uma escrita mais autorreflexiva (no duplo sentido), preferentemente dirigida a um público com certa 'competência' literária.

Com isso, destaquei a progressiva subtilização (pelo recurso a sinais só identificáveis pelo leitor mais especializado, 'par' do escritor) da sua memória estética, dos seus fantasmas e da sua construção retórica, num itinerário reflexivo sinalizado pelas legendas introdutórias dos ensaios. Como se estes fossem as tais "focais", fotos radiográficas em súbito *zoom* da câmara ensaística. É essa mesma memória que, desde o Romantismo, vai invadindo progressivamente a escrita. Daí a "objetiva" do fragmento de abertura[44], enevoando-a de fantasmas que habitam fragmentos

---
44   Ibidem, p. 9.

seus (imagens, figuras, referências, enfim) e que só são identificáveis pelo leitor especializado, exceto na escrita pós-moderna (em que tudo isso se explicita e anuncia). Subtilização que se conclui no penúltimo ensaio, onde sublinho esse mesmo percurso na obra de Teolinda em direção ao símbolo. Memória constitutiva de uma identidade literária nacional (ex.: a *Mensagem* vs. *Os Lusíadas*) buscada, construída e vivida pela escrita dos autores lidos em *No Fundo dos Espelhos*.

No segundo volume da obra, subintitulado *Em Visita*, observo a literatura como uma *casa metamórfica* que acaba por se dissolver na voz poético-trovadoresca, selecionando nela o trilho da memória que a habita (um dos temas centrais do v. I), a sua museologia íntima, através da visita a outros textos também representativos.

Esclareço este itinerário percorrido por *No Fundo dos Espelhos* noutros volumes, em *incisões* mais detalhadas e monográficas, como os estudos dedicados a Almeida Garrett[45], Eça de Queirós[46], Cesário Verde[47], Casimiro de Brito[48], Teolinda Gersão[49] ou configurações literárias do Marquês de Pombal[50]. Mas também o esclareço nesta e noutra obra[51] em que *desdobro* a *caminhada de apropriação* que constitui a leitura, como explicarei. Antes, porém, passarei em revista o conjunto de obras das *incisões* que referi.

----

45 *Emergências Estéticas* (ensaios), ed. cit.; "Joaninha Adormecida: um 'quadro' habitado de memórias", p. 13-28.

46 *Eça de Queirós Cronista – do Distrito de Évora (1867) às Farpas (1871-72)* (ensaio), Lisboa, Edições Cosmos, 1998 [258 p.].

47 *Emergências Estéticas* (ensaios), ed. cit. "*O Livro de Cesário Verde*: Quatro Estações em Câmara de Arte e Prodígios", p. 29-105.

48 *Labirinto Sensível* (ensaio) [p. 11-189] com *Breve Antologia Pessoal* de Casimiro de Brito [p. 191-232], Lisboa, Roma Editora, 2003 [244 p.].

49 *Teolinda Gersão: a palavra encenada*. In: *Teolinda Gersão: Retratos Provisórios*, Lisboa, Roma Editora, 2006 [239 p.], p. 9-118, obra em coautoria com Teolinda Gersão e Maria de Fátima Marinho.

50 *O Mito do Marquês de Pombal*, Lisboa, Prefácio, 2004 [117 p.], em coautoria com José Eduardo Franco, p. 66-87. Este ensaio foi depois reunido em *Breves & Longas no País das Maravilhas*, ed. cit., "Outro *Perfil* em contra-luz: o *Marquês de Pombal* de Camilo", p. 145-162.

51 *Itinerário* (o livro já está publicado).

Labirinto Sensível (2003), p.ex., é uma espécie de expansão de um dos momentos de *No Fundo dos Espelhos*, em jeito de observação a microscópio na sequência do capítulo dedicado a Casimiro de Brito (ou do que nele perscrutei), procurando, na reunião, revisão e arquitetura dos ensaios, dar a perspectiva da evolução do autor desde as obras fundadoras até às inéditas (na altura) e conclusivas e a da minha própria aventura compreensiva relativamente ao poeta: uma trajetória que o conduz da atitude eufórica e prospectiva, de obra *in progress*, até à de um canto progressivamente fúnebre, que revela a transformação dessa obra monumental em monumento fúnebre. Um autor, pois, original pela arquitetura da obra que visa uma conclusividade susceptível de lhe definir a *imago*/máscara funerária, retrato para os vindouros. E foi essa 'lição' de leitura de obra *in progress*, contemplando inéditos, que colhi para o projeto das coleções do projeto "Faces das Literaturas Lusófonas"[52], mas alargando-as à lusofonia, expandindo o horizonte de observação.

No meu livro *Emergências Estéticas*[53], convoquei epigraficamente Sophia, no seu poema "Para Arpad Szenes":

O pintor pinta no tempo respirado
[...]
Pinta o quadro dentro do qual o quadro
Se tece malha a malha como em tear a teia
O outro quadro convocador do convocado[54]

Abri com esta epígrafe, que resume todo um programa de trabalho, uma *visitação* a autores e a textos (Garrett, Cesário, Sophia e Teolinda Gersão), numa leitura que me conduziu

---

52   Projeto "Faces das Literaturas Lusófonas", que se concretiza na edição de duas coleções publicadas na Roma Editora, "Faces de Vénus" e "Faces de Penélope" (dedicadas à Poesia e à Ficção Lusófona Contemporânea) desenvolvida no âmbito do Clepul (Centro de Literaturas de Expressão Portuguesa das Universidades de Lisboa) e do Ceclu (Centro de Estudos de Culturas Lusófonas da Faculdade de Ciências Sociais e Humanas da U.N.L.), e patrocinado pela FCT e pelo Instituto Camões. Cf. <http://www.fcsh.unl.pt/ceclu/projectos.htm>, <http://www.fcsh.unl.pt/ceclu/membros.htm>.

53   *Emergências Estéticas*, ed. cit.

54   *Obra Poética* (III v.), Lisboa, Caminho, 1996, p.179.

de imagem em imagem, observando-lhes a museologia íntima (confluências, *sobreimpressões*, contaminações, evocações, enfim, a *paródia*[55] que a informa), surpreendendo-me na descoberta da complexidade fusional que os informa. "Na hora fulva" (Mallarmé), persegui e perscrutei a "transparência ambígua" das imagens, tomando-as como "lugar de convocação [...]./ Onde do visível emerge a *aparição*"[56] identitária, reveladora, quer do autor do texto em análise, quer de outros autores importantes para ele, às vezes fundindo-se ambas em *sobreimpressões*. Aparição pelo *fragmento*, vestígio de um percurso, memória "de um projeto"[57], homenagem retórica no *detalhe* representativo de uma poética à de outrem.

Em *Itinerário*, percorro uma trajetória que vai, simbolicamente, do gesto régio *fundacional* da concessão de um foral até à contemporaneidade literária, destacando *padrões* e *rostos*, e demonstrando, no caso da leitura, o seu movimento de apropriação desde o limiar textual até ao final, assinalando diferentes *instâncias de mediação* (da exterioridade da capa ao *incipit* textual e à travessia dos textos).

Aqui, procurarei evidenciar a retórica dessa perspectivação de leitura também na organização do livro e nas diferentes leituras: sublinho o meu *movimento aproximativo* de leitura, desde a *moldura* em "grande angular" compreensiva da modernidade literária ("Territórios"), até aos *rostos* autorais e imagens que, irresistivelmente, os textos tendem a esboçar na minha imaginação, *figurações*; nos "Diários de bordo", desdobro *itinerários de leitura*, distinguindo-lhe etapas em progressão de complexidade (do mais literal ao mais abrangente e esteticamente expansivo) e esclarecendo o raciocínio que as relaciona, o movimento intelectivo em que se geram, justificam e legitimam. Esse movimento é a "ponte"

---

55 No sentido em que Linda Hutcheon a concebe (*Uma Teoria da Paródia*, Lisboa, Edições 70, 1989).

56 *Obra Poética*, v. III, ed. cit., p. 121 e 341, itálico meu.

57 Ibidem, p. 226.

de pedras feita de que fala Marco Polo a Kublai Kan, n'*As Cidades Invisíveis*, de Italo Calvino:

> Marco Polo descreve uma ponte, pedra a pedra.
>
> – Mas qual é a pedra que sustém a ponte? – pergunta Kublai Kan.
>
> – A ponte não é sustida por esta ou por aquela pedra – responde Marco, – mas sim pela linha do arco que elas formam.
>
> Kublai Kan permanece silencioso, refletindo. Depois acrescenta: – Porque falas das pedras? É só o arco que me importa.
>
> Polo responde: – Sem pedras não há arco.[58]

A cada texto dedico a crónica de uma *leitura em desenvolvimento*, registo dessa *viagem* de conhecimento, reconhecimentos e irreconhecimentos: *diário de bordo* que consagra essa história, assinalando-lhe etapas, anotando os momentos e os motivos de transição e de mudança de rota. Sob o meu olhar *maravilhado* (para usar a expressão dos antigos relatos de viagens), os textos vão-se *outrando*, metamorfoseando, provocando em mim o efeito de surpresa ('como não me apercebi disto antes?'). Cada diário revela, assim, quase *confessionalmente*, a história do meu *convívio* com um texto. Cada diário é *espelho* em que se (re)cartografam *letra* e *leitora*[59]: a *litera*, fantasmizada pelas diferentes sombras projetadas pelos diversos focos luminosos (interpretativos); eu, na minha aproximação analítica, sinal e sinédoque da minha própria mudança.

Como no *mar-casa-búzio-texto* de Sophia: os ecos sucedem-se e as ondas trazem para a praia vestígios das profundezas e de naufrágios, sinais de tesouros anunciados, às vezes perdidos

------

58   Calvino, Italo. *As Cidades Invisíveis*, Lisboa, Teorema, 2008, p. 85.

59   Para evocar o livro de um meu antigo professor, Jacinto do Prado Coelho, a quem assim presto homenagem: *A Letra e o Leitor*, Lisboa, Portugália Editora, 1969; 3. ed., Porto, Lello & Irmão, 1996.

para sempre, memória de outros seres e de outros tempos, reais ou míticos...

Em obra *assim*, naturalmente, continuo uma reflexão de anos e documento-a pela sinédoque e pela retomada. Revisitando autores, textos, análises, por vezes, repetindo-me mesmo.

Dedico-a, por isso, a todos os que me ajudaram no percurso: os que li e ouvi, os que analisei, aqueles com quem dialoguei (mestres, colegas, amigos, alunos, familiares), os que me estimulam a escrever, aqueles para quem escrevo... longa galeria sobre a qual desejo a poeira da omissão sentida como poalha cintilante. Para eles, o meu agradecimento e penhor intelectual, emocionadamente. Que me acolham em obra *assim* atenta à

> linguagem que, como nenúfar, aflora
> à tona das águas paradas do silêncio

Sophia de Mello Breyner Andresen

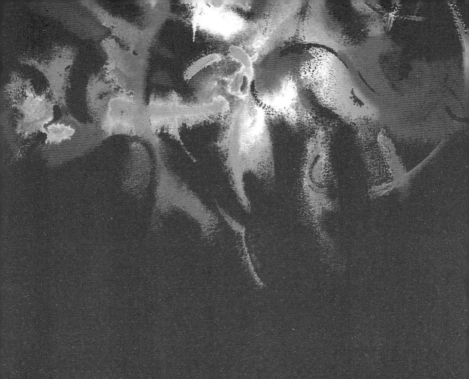

TERRITÓRIOS

1. DA CASA DA PALAVRA...

DA LITERATURA PORTUGUESA CONTEMPORÂNEA
UMA TRAVESSIA COM PONTOS LUMINOSOS[60]

Imaginemos.

Imaginemos que fosse necessário *apresentar* em breve síntese a Literatura Portuguesa Contemporânea. Como em circunstâncias sociais, onde a civilidade obriga à apresentação dos interlocutores em presença. Ou como em circunstâncias formais e burocráticas, que obrigam a exibição de um documento de identificação. Ou, ainda, considerando o projeto de continuidade em que esta Conferência se inscreve, como numa *visita*, em que abrimos a porta ao visitante e o conduzimos para o *local de conversação*. Opto por esta última hipótese nas presentes circunstâncias[61].

Se de *visitas* falamos, preferiria apresentar a Literatura Portuguesa Contemporânea, considerando esse período como abrangendo o século XX e o agora iniciado século XXI, sob a forma de *visita*, em vez de proceder a um balanço metódico desse panorama, dilucidando gêneros, tendências, obras e autores que melhor representam os principais vetores dessa evolução.

---

60   Versão de uma comunicação apresentada na Conferência Internacional "Culturas Ibéricas e Eslavas em Intercâmbio e Comparação: entre Crise e Prosperidade" / "Iberian and Slavonic Cultures in Contact and Comparison: Towards Crisis and Prosperity" ,<www.iberian-slavonic.org>; <http://www.iberianslavonic.org/zaproszenie1024.html>; Faculdade de Letras da Universidade de Lisboa, 26-28 de Abril de 2007. Um dos objetivos deste encontro foi encetar um diálogo sistemático, periódico, entre as Culturas e as Literaturas Ibéricas e Eslavas, compensando o afastamento geográfico com uma desejada e promovida proximidade cultural, científica e criativa, reflexiva e (por que não?) emocional também. Daí ter-me sido proposto que fizesse uma apresentação da Literatura Portuguesa Contemporânea aos que a não conheciam. Daí, pois, este texto.

61   Esta perspectiva é a que assumo no meu livro de ensaios *No Fundo dos Espelhos. Em Visita*, Porto, Edições Caixotim, 2007, apresentando a Literatura Moderna e Contemporânea como uma *casa* em transformação desde o tradicional projeto representativo até que o edifício ficcional cede à materialidade da palavra escrita e à fugacidade do verbo pronunciado. E o que me foi pedido como comunicação foi, de fato, a "apresentação" panorâmica da Literatura Portuguesa contemporânea a um público de investigadores que, na sua maioria, eram de outras nacionalidades e pouco conhecedores da Literatura Portuguesa.

Visita implica, naturalmente, um *itinerário pessoal*, subjetivo, desde o exterior até ao interior de uma *casa* que, neste caso, é coletiva. E, protocolarmente, a visita deverá ser contida: não percorrer toda a casa; não investigar o que os móveis guardam; observar sem aproximação inquiridora, o que arrasta várias consequências (como a visão parcial de objetos escondidos por outros ou a menor nitidez dos mais distantes); etc.

Ciente desses protocolos e das suas consequências, assumirei, pois, evocar apenas alguns textos (dentre os muitos possíveis) que, na trajetória da minha reflexão, melhor me permitam evidenciar *um* dos sentidos e dos aspectos da evolução da Literatura Portuguesa Moderna e Contemporânea: a sua caminhada quase "suicida" (para citar Bachelard) da crise da *representação* à da *escrita* e do seu *sujeito*, em direção à (materialidade da) *escrita* e à (fugacidade da) *vocalização* que lhe está na gênese. Textos e/ou autores que iluminam e pontuam mais expressivamente o meu itinerário reflexivo nesta travessia.

Imaginemos, pois, uma casa de obras feita, de escrita vertida em letra e volume: a Literatura Portuguesa Contemporânea. E, como os antigos retóricos, percorramos alguns dos seus lugares, destacando neles predominâncias mais óbvias...

Antes, porém, temos de entrar, de aceder a ela. Pela porta principal, que dá acesso ao grande salão da escrita de projeto representativo dessa modernidade que a História Literária tende a datar do Romantismo, buscando-lhe, antes, os precursores. Salão povoado de textos informados da lição da pena oitocentista, romântica e realista, de Garrett e Herculano, Camilo, Júlio Dinis, Eça e tantos outros que, apesar das diferenças (até programáticas), vetoriam essa produção com uma anterioridade e uma posterioridade incontornáveis. Onde a letra procura configurar a vida, a sociedade, a realidade (contemporânea ou outra) e onde, tantas vezes, a ficção equaciona sinedóquica e simbolicamente a História, projetando na microestrutura a macroescrutura observada, reencenando-a, problematizando-a, questionando-a, e/ou, até, insinuando uma intencionalidade pedagógica e/ou confessional.

Mesmo através das metamorfoses da ficção e das casas que as protagonizam simbolicamente, esse projeto sobreviveu até aos nossos dias, oferecendo-nos textos em que a coletividade, de algum modo, se vai reconhecendo e compreendendo, atenta aos sinais do seu devir e perturbada com ele: *Casa na Duna* (1943), de Carlos de Oliveira; *Mau Tempo no Canal* (1944), de Vitorino Nemésio; *A Casa Grande de Romarigães* (1957), de Aquilino Ribeiro; *Gente Feliz com Lágrimas* (1988), de João de Melo, etc.

> *Avancemos para outra divisão, nos finais do século XIX, onde a crise da representação e do sujeito poético tende a gerar fissuras nessa imagem identitária da coletividade que vai cedendo a outra mais frágil, vulnerável e subjetiva, onde a dimensão lírica ganha terreno à narratividade.*
>
> *No signo estético, invadido pelo poético e pelo trabalho de escrita, a solidez começa a cindir-se. A lunaridade começa a tingi-lo de imprecisão, indecidindo-lhe o relevo, os contornos. E a sobreimpressão insinua-se.*

Recorro à Pintura, onde as imagens e a sua metamorfose melhor evidenciam e esclarecem esta problemática. E *ut pictura poesis*...

Na Pintura, a crise desenha-se, expressivamente, em imagens icônicas que transitam pelo imaginário ocidental, constituindo-se como observatórios e barômetros privilegiados da transformação estética e da hesitação entre os dois paradigmas (representativo e compositivo).

É o caso paradigmático da *maçã*, cujo simbolismo inicial vai cedendo à função representativa, acabando por se impor a sua *materialidade compositiva*.

Como símbolo pregnante do imaginário ocidental, lembra as origens míticas da História (os Paraísos arquetípicos e o pecado original) ou as manifestações do Mal de um modo geral (a maçã envenenada dos contos tradicionais). Nos inúmeros *Paraísos*, adquire centralidade na composição iconográfica: a sua árvore compõe o cenário para as figuras (p.ex., a *Virgem com Menino*, 1460-70, a escultura de Luca della Robbia, ou as pinturas de Crivelli ou Lucas Cranach). E também aparece nas margens da composição, como n' *A anunciação com Sto Emídio* (1486), de Carlo Crivelli, em contraponto com a abóbora (símbolo da ressurreição).

A maçã adquire cidadania e conquista o seu próprio estatuto ao longo da História da Arte. Por exemplo, ao transitar para a natureza-morta na *Cesta de Fruta* (ca. 1596) e no *Rapaz com Cesta de Fruta* (ca. 1593) de Caravaggio, ou para as cestas do *Vendedor de Vegetais* (s.d.), de Joachim Beuckelaer, do *Mercado de Frutas* (1590), da escola holandesa, ou d' *A Vendedeira de Maçãs* (1630), de Louise Moillon, ou d' *A Descascadora de Maçãs* de Gabriel Metsu ou a de Terborch (1661). Também se evidencia pela singularidade em retratos (*Rapaz com uma Maçã*, 1504, de Rafael, p.ex.).

> Assim, a maçã viaja do mito para a realidade, representando-se e colaborando noutras representações: antropomorfizando as naturezas-mortas de Arcimboldo (séc. XVI), evidenciando-se na *Macieira* (1912) de Klimt e nos pomares de Pissarro e outros, mas também banalizando-se com Andy Warhol (*Maçã*, 1983 e a sua imagem de marca informática de 1985), e retomando emblematismo na atualidade (*AIDS Prevention*, 1985, de David Lane Goines).

Cézanne confere protagonismo à maçã destacando-a contra a brancura de uma toalha branca, com fruteiros altos ou com grandes cestas, dominando sempre as naturezas-mortas. Chega a sinalizar-lhe espetacularidade com uma cortina (*Natureza-morta com uma Cortina*, 1899) que lhe retira profundidade perspéctica, biplanificando-a no adensamento material da pincelada que lhe empresta a sugestão de paisagem *celular*:

> [...] postas em evidência pela luz, sobre pratos de porcelana ou toalhas brancas, são lançadas sobre a tela com traços grosseiros e a tinta é espalhada com o polegar. De perto, vê-se apenas uma desordem caótica de vermelhos vivos e amarelos, de verdes e de azuis. Mas, vistas a uma certa distância, transformam-se em frutos óptimos e suculentos,

que despertam o apetite. E, de repente, apercebemo-nos de verdades novas, até então desconhecidas: tonalidades estranhas, mas reais, manchas de cor de uma originalidade única, sombreados ao longo dos frutos sobre uma toalha branca, mágicos devido à sua coloração azulada quase imperceptível – tudo isto transforma estas obras em autênticas revelações [...].[62]

A memória da *maçã* esbate-se na corporalidade valorizada pela modernidade materialista: *Natureza-Morta* (1926), de Braque, e *Isto não é uma maçã* (1964), de Margritte, que também a consagra em *O Museu de uma Noite* (1927), *A Memória* (1945), *O Despertador* (1957), *O Quarto de Escuta* (1958), *O Mundo Belo* (1962), *Recordação de viagem* (1962), *A Grande Mesa* (1962) ou *A Fada Ignorante* (s. d.) e dota de emblematismo em *O Filho do Homem* (1964) ou em *As Belas Realidades* (1964), subvertendo a ordem, a relação e as proporções dos objetos, negando o programa representativo no sentido mais rigoroso do termo. Na maçã, vão confluindo e vão-se equacionando diferentes e sucessivos projetos e programas estéticos, como insinua o *Auto-retrato* (1889) com "auréola" estilizado de Gauguin, codificando simbolicamente um programa estético onde convergem inovação e autoconhecimento.

Símbolo, *representação* e *composição* convivem e coexistem de um modo que o signo artístico se acentuará na trajetória da Arte, tornando o signo semanticamente indecidível.

Na Literatura, a palavra vive idêntico fenômeno.

Tomando o legado a Camões (*Camões*, 1825), Garrett assume a duplicidade de *cidadão* e *esteta* ("numa mão a espada e noutra a pena"), reconduzindo-a para a escrita e fazendo confluir no mesmo objeto, a *pena*, as funções das anteriores[63], mas também

---
62 Cit. por Düchting, Hajo. *Cézanne*, Lisboa, Taschen, s.d., p.171.

63 Nas *Viagens*, Garrett *empunha-a* impondo-a como a definitiva representante do tópico greco-latino que a tradição clivou entre Armas & Letras e que, desde o século XV (com Marquês de Santillana, Juan del Encina, João Roiz de Sá de Meneses, Sá de Miranda, Camões, etc), se foi aculturando e literarizando até as segundas se autonomizarem assumindo do seu par a funcionalidade iluminista de intervenção cultural.

assume dele a tragédia existencial[64] que eleva o poeta e lhe confere dimensão excepcional. E é esse testemunho, mais circunscrito à singularidade do poeta do que à sua representatividade social que António Nobre recebe, construindo-se como figura *crística*, oferecendo-nos um *Só* (1892), que é, em simultâneo, um *grito*, o livro (*Missal dum Torturado*, na expressão com que é designado num dos seus poemas), a caracterização da condição existencial do poeta, em geral, e a sua, em particular, e o seu documento identitário (com caracterização, biografia, reflexão e criação poética, reivindicação ou inscrição em linhagens estéticas e outras, etc). Esse *grito* agônico desenha, a pontilhado, toda a literatura e cultura portuguesas: desde o coletivo da *História Trágico-Marítima* até aos *solos* (Camões; Nobre, etc) e à sua fragmentação textual (Rui Nunes). Grito emblematicamente assumido pelo expressionismo. *Grito* com história e histórias. Mas também um *grito* que se torna consubstancial ao trabalho da palavra, como Sophia no-lo oferece através do seu *negativo*, o *silêncio*:

> O silêncio *desenhava* as paredes, cobria as mesas, *emoldurava* os volumes, *recortava* as linhas, *aprofundava* os espaços. Tudo era *plástico* e vibrante, denso da própria realidade. O silêncio como um estremecer profundo percorria a casa.[65]

Cesário Verde perseguiu um *projeto de livro* (postumamente 'concretizado' pelo amigo Silva Pinto em *O Livro de Cesário Verde*, 1877) onde a gênese da imaginação poética ("Em Petiz", em especial "Histórias") se consagra na solaridade de "Num Bairro Moderno" cede ao pôr do sol alucinatório do "De Tarde" e às sombras da noite de uma depressiva nacionalidade ocidental ("O dum Ocidental"), numa trajetória onde esta possível linearidade se dissolve na complexidade discursiva. E, na sua rota, a imagem do visível ou do visualizado revela-se *lugar*, por excelência, dos

---

64 Esse *pathos* que impõe a figura do génio camoneano a gritar à noite e à existência em *A Fome de Camões* (1880), de Gomes Leal.

65 Andresen, Sophia de Mello Breyner. *Histórias da Terra e do Mar*, 7. ed., Lisboa, Texto Editora, 1994, p. 48, itálicos meus.

sinais e critérios da sua elaboração estética, do processo estético: nas papoilas do seu signo, a memória insinuadamente erótica confunde-se com a simbólica matéria da pincelada estética, a tinta sobreposta na tela, a *história evocada* confunde-se com a *exposição pictórica*.[66]

Camilo Pessanha entrega-se à vitalidade fílmica das imagens dolentemente ritmadas ao "som de flauta", que, da Antiguidade, atravessam o tempo e sinalizam a Arte, deixando que os ecos fantasmizem e se sobreponham ao presente. Será essa mesma flauta que Manuel Alegre também escutará (como outros: Albano Martins, etc), cerca de um século depois, percebendo-lhe as origens remotas e homenageando Camões, em cujo verbo a lírica e a épica enlaçam sujeito e coletividade, o acorde e a sua linhagem:

> Era um país ainda por dizer
> e uma flauta cantava. Nos salgueiros pendurada
> ou na palavra. Uma flauta
> a tanger
> a língua apenas começada. Subia
> pelo nervo e pelo músculo
> como quem assobia no acento agudo
> e no esdrúxulo. Algures por dentro
> do país do mundo. Uma flauta floria
> sobolos nomes que vão
> para nenhures. Algures
> conta o vento. Com seus cântaros
> e alegrias suas câmaras
> da memória. Uma flauta ainda
> sem história. Chamava por ela
> os antigos e os apelos ecoavam.
> Uma flauta com sua estrela
> No alto dos seus castelos em suas altas
> Escarpas. Nos salgueiros velhas harpas
> Perguntavam: onde nos levas?
> Algures

---

66   Cf. meu prefácio à edição especial de *O Livro de Cesário Verde*, Porto, Edições Caixotim, 2004: "O Livro de Cesário Verde: Quatro Estações em Câmara de Arte e Prodígios", p. 9-35. Uma versão mais desenvolvida desta reflexão foi incluída no meu livro *Emergências Estéticas*, Lisboa, ed. cit., p. 29-105.

No país das trevas.
Sobolos rios que vão
para nenhures.[67]

Fernando Pessoa, por seu turno, demonstra a fragmentação do signo estético encenando o xadrez heteronímico de desdobramento autoral, mas também revisitando liricamente o signo épico e clivando-o com o sopro mediúnico, *cristicamente* assumido.

A lunaridade invade e estranhece progressivamente o signo literário, enigmatizando-o também. E os edifícios ficcionais constituem a melhor imagem desse fenômeno. Ruben A. fantasmizá-lo-á e crepusculizá-lo-á n'*A Torre da Barbela* (1965), Carlos de Oliveira envolvê-lo-á e absorvê-lo-á na voraz gisandra em *Finisterra* (1978), Teolinda Gersão configurá-lo-á até à sua dissolução n'*A Casa da Cabeça de Cavalo* (1995), etc.

A *sala* parece antecâmara de várias outras *salas*, demonstrando a hesitação da escrita novecentista entre diferentes vias, com destaque para uma tendência *experimentalista* que explora os limites da *litera* e dos cânones nos sucessivos vanguardismos. O Modernismo, nas primeiras décadas do século XX, com Fernando Pessoa, Mário de Sá-Carneiro, Almada Negreiros, etc. O Surrealismo, mais atuante nos anos 1960, com António Pedro, Manuel de Lima, Mário-Henrique Leiria, Mário Cesariny, etc e cuja influência se repercutirá na configuração do discurso poético da modernidade, de Herberto Helder ao grupo de escritores da publicação *poesia 61* (Gastão Cruz, Fiama Hasse Pais Brandão, Luiza Neto Jorge, Maria Teresa Horta, Casimiro de Brito). O Experimentalismo (anos 1960), associando espetacularmente a palavra e a imagem, com E. M. de Melo e Castro e Ana Hatherly, etc. O Psicologismo, nesse segundo fôlego do Modernismo que é o Presencismo (radicado na revista *Presença*, 1927-39), perscrutando a subjetividade do Homem (com Régio e outros). A denúncia social numa representação oscilante entre o simbólico e o

---
67   Alegre, Manuel. *Com que Pena. Vinte poemas para Camões*, Lisboa, Dom Quixote, 1992, p. 11-12.

referencial, mais paradigmaticamente expressa pelo Neorrealismo (anos 1940, em especial), deslizando este de uma certa ortodoxia (poesia do grupo do *Novo Cancioneiro*, ficção de Soeiro Pereira Gomes, Alves Redol, Urbano Tavares Rodrigues, etc) para a heterodoxia (Carlos de Oliveira, etc). A reflexão existencial (Vergílio Ferreira), depois, colocando a crise do humano e da vida no centro da cena, enfim...

> Mais óbvio, segue-se um *corredor que parece fracturar a planta da casa entre essa* sala *dividida por tendências incompletamente enumeradas e outras divisões: a Revolução de Abril de 1974 como que desativa um dos catalisadores de grande produção literária, dissolvendo progressivamente o seu tónus combativo, contestatário e irreverente, após um breve tempo de emblemática, ideológica e proclamada letra, eufórica, emocional e cidadã até ao canto e ao panfletarismo.*
>
> *A transformação territorial e populacional do país, da sua mais genuína corporalidade, promove a crise e a conflitualidade emocional numa que parecia até então tender para uma consensualidade crítica do regime.*

Os laços entre sujeito de escrita e coletividade, afetados pela crescente distância entre eles, parecem projetar-se no sentimento comum de insularização, perda, vulnerabilidade e deriva que Saramago cristalizará na espantosa e inquietante imagem que consagra em título expressivamente emblemático: *A Jangada de Pedra* (1986). E esse sentimento agudizar-se-á na expressão mais agônica da metáfora da *cegueira* (*Ensaio sobre a cegueira*, 1995).

> *A toda a diástole se segue uma sístole:* à exteriorização, *nas suas diferentes modalidades (social, psicologista, existencialista ou experimentalista) segue-se a* interiorização, *um movimento reflexivo do signo sobre si próprio, as suas insígnias, a sua identidade, a sua história, a sua natureza, os seus processos. Reflexão já visível, naturalmente, nas salas percorridas, em especial no fim do século XIX e nos vanguardismos de tendência experimental que se repercutirão, potenciados pela euforia das perspectivas estruturalistas, no Experimentalismo e no movimento* poesia 61 *e que tende a acentuar-se,*

quando a realidade deixa de lhe solicitar intervenção cívica, favorecendo o trânsito da ética para a estética e a sua conjunção. Muitos beberão na reflexão teórica universitária (Nuno Júdice, Manuel Gusmão, etc) o lastro que reforçará e evidenciará essa tendência.

"De frente para o mar"[68], João de Melo tece a descontinuidade de continuidade: vocaliza o canto da diáspora entre os ecos da épica clássica (*Os Lusíadas*, 1572, de Luís de Camões) e os do seu contracanto trágico-marítimo (*A História Trágico-Marítima*, século XVIII, de Bernardo Gomes de Brito), equacionando o presente em jeito de quase diário de um regresso à *casa-mãe*, mátria estranhecida.[69] No texto, a polifonia inicial cede ao solo intimista e confessional, representando essa mesma tendência da literatura, onde o sujeito de escrita conquista o palco e domina a cena.

Muitos evocarão a História, recente ou não, em episódios que favorecem uma escrita problematizadora, mas também problemática: D. Sebastião[70], o tempo da guerra colonial e da desagregação do Império, dentre outros temas[71] explorados por Lídia Jorge, Lobo Antunes, etc. Alguns, como Fernando Campos, seguindo a lição de Garrett, procuram realizar incisões nessa mesma História, elaborando-a ficcionalmente de modo a compor, no conjunto sinuoso de várias obras, um políptico reflexivo, imagem

---

68   Melo, João de. *Gente Feliz com Lágrimas*, Lisboa, Dom Quixote, 2000, p. 483.

69   Cf. sobre isto o meu ensaio "João de Melo, 'de frente para o mar'". In: Petar Petrov (org.). *O Romance Português pós-25 de Abril*. O Grande Prémio do Romance e Novela da Associação Portuguesa de Escritores (1982-2002), Lisboa, Roma Editora, 2004, p. 105-118.

70   Protagonista mitificado dos destinos nacionais, desde as crônicas do seu tempo ao imaginário popular, passando pela pena de Camões, Garrett, Pessoa, e tantos outros, D. Sebastião continua a seduzir a contemporaneidade, questionado e reconfigurado pela ficção: *O Conquistador* (1990), de Almeida Faria; *O Velho que Esperava por D. Sebastião* (1999), António Manuel Venda; *A Ponte dos Suspiros* (2000), de Fernando Campos; *D. Sebastião e o Vidente* (2006), de Deana Barroqueiro, etc. Cf. sobre esta questão da travessia literária de figuras ou temas históricos o que Maria de Fátima Marinho diz na sua obra *Um Poço sem Fundo. Novas reflexões sobre Literatura e História*, Porto, Campo das Letras, 2005, e, no caso da figura de D. Sebastião, em especial na seção 5 do livro, p. 393-429.

71   Cf. Marinho, Maria de Fátima. *Um Poço sem Fundo. Novas reflexões sobre Literatura e História*, Porto, Campo das Letras, 2005.

apropriada em *espelho* coletivo, alternativa e/ou complemento da oficial, sombreando e complexificando os contornos desta: *A Casa do Pó* (1986); *A Esmeralda Partida* (1995); *O Prisioneiro da Torre Velha* (2003); *O Cavaleiro da Águia* (2005), etc.

Outros, ainda, começam a busca na banalidade de um quotidiano em crise, o motivo maior de uma escrita em crise, fragmentada na redundância, no automatismo ou no esvaziamento semântico do signo na comunicação mais *plane*, mas também na dissolução dos laços afetivos e emocionais sentida na sociedade.

> *Nas décadas de 1970 e 1980, evidencia-se a transformação "ontológica" do próprio edifício ficcional, configuração mais simbólica e expressiva do velho projeto representativo de que a escrita se vai distanciando inexoravelmente. Transformação que chega a ser compactada e codificada na leitura.*
>
> *O signo procura impor-se como casa do sentido, cena do literário e do estético, buscando exibir as insígnias que o legitimam na sua tessitura.*

Sophia de Mello Breyner, p.ex., oferece-nos uma *casa* à beira-mar ("A Casa do Mar"[72], 1970), símbolo e sinédoque de uma subjetividade nacional e universal, que equaciona, em simultâneo, diferentes hipóteses e níveis de significação, favorecendo um itinerário de leitura de progressiva complexidade estética, mas também a noção de texto *tabular* (no sentido kristeviano do termo):

1º) a descrição de uma *casa* na praia, na tradição de tantas casas que pontuam o nosso universo ficcional e que, simbolicamente, tecem de representação os seus nexos com a sociedade que convocam, perceptível na linha do horizonte;

2º) a *casa* como *símbolo* de um *conhecimento do universo* e *itinerário* para aceder a ele, promovendo no leitor uma

---
72 Conto incluído no volume de Sophia de Mello Breyner Andresen intitulado *Histórias da Terra e do Mar*, Lisboa, Texto Editora, 1994, p. 57-72.

consciência crescente das relações identitárias entre o micro e o macroespaço e da sua íntima relação;[73]

3º) a *casa* como *museu* do *universo* da obra da autora, compendiando as insígnias mais simbólicas e identificadoras do seu universo poético: imagens, motivos, temas, atitudes;

4º) a *casa* como *museu* do *universo* estético da autora, memória da Arte Ocidental, fazendo-nos reconhecer as suas referências estéticas e, nestas, as da própria coletividade.[74]

Em finisterra simbólica, o signo literário afirma-se reflexivo, denso, subtilmente opaco e feito de *sobreimpressões*.[75] Como nessa *casa* onde se distinguem claramente dois patamares de conhecimento (o primeiro dos quais mais literal), elegendo o segundo como perspectiva preferencial, contemplando as hipóteses interpretativas mais elaboradas:

> Quem nas janelas do corredor olha para fora e vê o muro de granito, as árvores na distância e os telhados a oeste, aquilo que vê aparece-lhe como um lugar qualquer na terra, como um acidente, um lugar ocasional entre o acaso das coisas.
>
> *Mas* quem do quarto central avança para a varanda e vê, de frente, a praia, o céu, a areia, a luz e o ar, reconhece que nada ali é acaso mas sim fundamento, que este é um lugar de exaltação e espanto onde o real emerge e mostra seu rosto e sua evidência.[76]

---

73 Esclareci esta minha leitura, especialmente, em "Visita a 'A Casa do Mar' de Sophia", *O Escritor* (11/12), Lisboa, Associação Portuguesa de Escritores, Dezembro de 1998, p. 277-284, posteriormente editado também na versão "Visitando Sophia na Casa do Mar" no volume de *Actas do 3º Congresso Nacional da Associação de Literatura Comparada*, Lisboa, Colibri, 1999, p. 955-962. Uma versão revista destes textos está incluída no meu livro *No Fundo dos Espelhos. Em Visita*, ed. cit., no capítulo "N'A Casa do Mar de Sophia", p. 145-157. Uma leitura complementar desta foi reunida no meu livro *Emergências Estéticas*, ed. cit., "Sophia de Mello Breyner Andresen: 'A Casa do Mar'", p. 107-122.

74 Sobre este assunto tenho refletido em diversos textos, mas sistematizo esta pluralidade e complementaridade de níveis e de perspectivas de leitura do conto no meu ensaio adiante neste volume.

75 Sobre este aspecto, reflito em sucessivas incisões analíticas no meu livro *Emergências Estéticas* (ed. cit.).

76 Andresen, Sophia de Mello Breyner. Ibidem, p. 71, itálico meu.

> *Nesta sala de espelhos, onde cada um oferece uma diferente imagem do mesmo objeto (perspectivas, hipóteses interpretativas), revelando a alteridade e diversidade nele inscrita e codificada, a escrita tende a aprofundar essa dimensão de* interdiscursividade *que relaciona artes, autores, textos e obras e evidencia o diálogo estético e eminentemente reflexivo que a informa.*
>
> *Fazendo-o, a escrita tenderá também a legitimar-se nas insígnias da sua inovação, no signo que a renovou, na letra transformadora, assumindo-lhe o testemunho na vivência da sua metamorfose, vinculando-se a autores, obras, linhagens estéticas ou à confluência delas.*

Assim, muitos autores trabalham materiais que a própria Literatura lhes oferece, ponderando-lhes a cartografia, explorando-lhes os interstícios, consagrando-os como insígnias estéticas de uma genealogia em que se legitima. Tal como Garrett (em *Camões*, 1925) e Pessoa (em *Mensagem*, 1934) tomaram o testemunho de Camões, António Nobre o de Garrett, etc, protagonizando um diálogo desenvolvido pela escrita nacional, diálogo esse em que se encontram ecos de outro que atravessa as fronteiras do tempo e do espaço.

Exemplo disso é, em anos dominados, no plano da literatura nacional, pela figura tutelar de Fernando Pessoa, *O Ano da Morte de Ricardo Reis* (1984), de José Saramago, cujo protagonista é o heterônimo pessoano enquadrado no cenário de uma Lisboa entre conflitos mundiais, lugar e tempo de percepção de um futuro coletivo preocupante.

Será, também, exemplo, mais tarde, o caso privilegiado de Eça de Queirós e do seu Fradique Mendes, personagem inventada em grupo e trabalhada, por fim, *a solo*: Mário Cláudio ficcionar-lhe-á a escrita (*As Batalhas do Caia*, Lisboa, Dom Quixote, 1995), José Eduardo Agualusa dará à estampa correspondência de Fradique (*Nação Crioula*, Lisboa, Dom Quixote, 1997) e Fernando Venâncio "descobrir-lhe-á" descendentes dele e "reuni-los-á" (*Os Esquemas de Fradique*, Lisboa, Grifo, s.d. [1999]), Miguel Real "encontrará" e "publicará" um "manuscrito inédito" do autor (*A Visão de Túndalo por Eça de Queirós*, Lisboa, Difel, 2000, Prémio Literário Ler/Fundação Círculo de Leitores), etc. Papéis, fotografias, memórias, inéditos e manuscritos constituem peças desse *puzzle* literário conformado pela *elipse*, pela *revelação*, pela *redundância* e pela *amplificação* e que visa o efeito de surpresa, ao mesmo tempo que denunciam a natureza expansiva e metamórfica do signo estético.

Eça de Queirós parece emergir iconicamente como figura fundadora, emblemática, referência dominante dessa tessitura a várias mãos: com uma vida mais *ficcionada* e com uma ficção mais *realizada*. Daí bastar um nome: Eça. Imposto na página impressa, dilui o homem, subsumindo-o no olhar perscrutante, reflexivo e subtil, por trás do monóculo, e na pena que reconfigura efabulatoriamente o real comum, destacando-lhe as estruturas e o projeto de intervenção cultural da Geração de 70 oitocentista, moldura esbatida, mas condicionante.

Entre real e ficcional, Eça e seus leitores, sobressai Carlos Fradique Mendes, essa figura em que Eça se quis, de certo modo, projetar.

Imaginado como um heterônimo coletivo por Eça, Batalha Reis e Antero de Quental no juvenil Cenáculo, entre 1868 e 1869, Fradique Mendes nasce "poeta satânico" e estreia-se na *Revolução de Setembro*, a 29/8/1869, com poemas da autoria dos seus criadores, que lhe atribuem uma biografia. Joel Serrão, n'*O Primeiro Fradique* (Lisboa, Livros Horizonte, 1985) estuda-o exaustivamente.

Mais tarde, surge, *reconhecido* pela "excentricidade" e "distinção", "homem verdadeiramente original e superior", no entusiástico e enredado *O Mistério da Estrada de Sintra* (1970) e, durante a revisão desse texto, a crer na carta de Eça a Oliveira Martins (10/6/1885), impor-se-á definitivamente a Eça como figuração do *dandismo* finissecular, que encenará a sua representação emblemática na sua suposta correspondência.

E as cartas de Fradique começam a ser publicadas em Portugal (primeiro, n'*O Repórter* e, depois, na *Revista de Portugal*) e no Brasil (*Gazeta de Notícias*). Com uma biografia plena de peripécias, cidadão do mundo, "o português mais interessante do séc. XIX", Fradique surgirá em volume já após a morte do seu autor, em 1900. E, para o século XX, ele permanece oscilante entre o dandismo finissecular e o anúncio do desdobramento heteronímico que Pessoa multiplicará e encenará, como procurou demonstrar Ana Nascimento Piedade no seu *Fradiquismo e Modernidade no último Eça (1888-1900)* (Lisboa, Imprensa Nacional Casa da Moeda, 2003).

Na trajetória da escrita queirosiana e das que a continuam, Fradique vai-se reconfigurando, retomado e corrigido, metamórfico, obsessivo, surpreendente no que nos oferece pelos interstícios do signo original: emblemático como construção literária e referência estética do seu tempo, exemplar como *matéria estética* trabalhada, herói decadente do crepúsculo nacional e cultural, estrela cadente no ocaso de um mundo.[77]

> *Como efeito desse processo, a Literatura (e a Arte, em geral) insinua-se como uma espécie de* puzzle *sistematicamente re-elaborado pela citação/alusão, pela elipse, pela redundância e pela amplificação. No fundo, trata-se de um desenvolvimento de natureza paródica*[78]*, tecido de continuidades e de descontinuidades. Marca e brasão da modernidade estética que alguns grandes autores anunciaram com precursora intuição...*

No plano da Literatura, Fradique Mendes é, como disse antes, exemplar desse fenômeno: a falta de informação "biográfica" favorece a invenção; as informações vão sendo sucessivamente confirmadas e desenvolvidas (a epistolografia continua-se, a

---

77 Sobre este assunto falei já, p.ex., em *No Fundo dos Espelhos. Em Visita*, ed. cit., no capítulo "Os 'Fradiques' de Fernando Venâncio e de José Eduardo Agualusa", p. 245-249.

78 No sentido definido por Linda Hutcheon. *Uma Teoria da Paródia*, Edições 70, s.d. [1989]. Outros, como Derrida, Vattimo, Jean-François Lyotard, Michel Maffesoli, etc, também têm refletido sobre esta problemática que atravessa e caracteriza a pós-modernidade estética, apesar de não ser exclusiva dela.

história amorosa justifica a descendência, etc); papéis, fotografias, memórias, inéditos e manuscritos surgem como descobertas e vão propondo novas hipóteses ficcionais, anichando a surpresa nos interstícios da história e provando a sua expansividade.

No plano do diálogo entre as artes, um exemplo possível será o do diálogo de Sophia ("O Silêncio", 1966[79]) e de Rui Nunes (*Grito*, 1997[80]) com Edward Munch, através da evocação ao quadro expressionista *O Grito* (1893)[81], e, no caso de Rui Nunes, também de *L'Écho* (1943), de Delvaux, diálogo onde a polifonia se intensifica com outras referências (p.ex., ao existencialista *L'Étranger*, de 1942, de Camus). No caso do conto de Sophia, a centralidade e a evidenciação da *janela* como espaço limiar entre duas representações conduz também ao reconhecimento da sua equivalência ao processo *citacional* e à evocação dessa incontornável *janela* de Leon Battista Alberti (*De Pittura*, 1436), ícone maior de um conceito (a perspectiva) e de um tempo em que a arte e o Artista se maiuscularam e se impuseram (Humanismo e Renascimento).[82]

Epicentrada (o *Grito* n'"O Silêncio", Fradique em tantos textos) ou deslizando para as margens (o título: *Grito*), mais óbvia ou mais sutil[83], a referência favorece um reconhecimento identitário

---

79 Andresen, Sophia de Mello Breyner. "O Silêncio" (1966). In: *Histórias da Terra e do Mar*, 7. ed., Lisboa, Texto Editora, 1994, p. 45-55.

80 Refiro-me à obra de *Grito*, Lisboa, Relógio d'Água, 1997.

81 Refiro-me ao quadro de 1893, do qual existem múltiplas versões.

82 Esclareço estes aspectos no meu ensaio "Entre o grito e o silêncio, em exaltação e espanto de Sophia de Mello Breyner. De Sophia a Rui Nunes", *Faces de Eva. Estudos sobre a Mulher* (n.º 11), Lisboa, Centro de Estudos sobre a Mulher, 2004, p. 89-104; reeditado com revisão, a convite da direção da revista, sob o título *Brotéria – Cristianismo e Cultura* (4, v. 160), Lisboa, Brotéria – Associação Cultural e Científica, Abril de 2005, p. 375-389; reeditado, a convite da direção da revista Islenha (38), sob o título "Emergências Estéticas", Funchal, Direcção Regional dos Assuntos Culturais, Janeiro-Junho de 2006, p. 161-170. Reúno num texto só o que de fundamental digo nesses ensaios em *No Fundo dos Espelhos. Em Visita*, ed. cit., no capítulo "Munch, Sophia e Rui Nunes: quando o grito ecoa", p. 209-244.

83 Sobre a *janela* como motivo pregnante na arquitetura textual, refleti na análise que fiz à obra de Teolinda Gersão em *Teolinda Gersão: a palavra encenada*. In Annabela Rita, Maria de Fátima Marinho e Teolinda Gersão. Teolinda Gersão: *Retratos Provisórios*, Lisboa, Roma Editora, 2006, p. 9-118, ensaio reproduzido no meu livro *Emergências Estéticas*, ed. cit., p. 123-213.

no confronto estético que promove: as continuidades e as descontinuidades demonstram-se ou denunciam-se a partir dela, as derivas originam-se nelas ou atravessam-nas.

João Miguel Fernandes Jorge oferece-nos, no seu *Museu das Janelas Verdes* (2002), poemas dedicados às obras expostas no Museu Nacional de Arte Antiga, fazendo o discurso contornar e responder à imagem pictórica. Rui Nunes, em *O Choro É um Lugar Incerto* (2005), reúne e conjuga fragmentos de um diálogo entrecortado com a fotografia de Paulo Nozolino, convocando através de três fotos a seleção das que constituíram a sua exposição *Far Cry* no Museu de Serralves, em 12 de Maio de 2005.

Enfim, a escrita assume a *Ars combinatoria* que a consubstancia, afinal, como Casimiro de Brito emblematicamente declarará em jeito de intencionalidade confessada em diário de escrita no primeiro dos títulos da *Arte Poética* ("Poesia: *Ars combinatória*") que, no mesmo volume, faz suceder a *Fragmentos de Babel* (2007), aspecto explicado, em especial, no fragmento 8:

> Usar todos os esquemas possíveis de intertextualidade: alusões, referências, paródias, citações, personimagens, mitos, etc: e que não se trate de me 'inspirar' nesses materiais mas de os utilizar, de os integrar o mais perfeitamente possível no poema; isso e o resto: cenas da vida pessoal, ideologia, subsolos do sonho, autópsia de cadáveres privados e públicos. Devorar o todo e depurá-lo em muito pouco sem que o pouco escamoteie por completo a textura dos corpos mastigados. [...][84]

Na mesma sala de espelhos, a nostalgia da História e da arte de *contar* (ou de *dizer*, em geral) conduz à revisitação de diferentes tempos, espaços e temas nucleares na (re)configuração da nossa identidade nacional (D. Sebastião, a guerra colonial, etc), mas também à realidade contemporânea e à evocação *genealógica*.

---

84 Brito, Casimiro de. *Fragmentos de Babel seguido de Arte Poética*, Vila Nova de Famalicão, Quasi, 2007, p. 91.

Teolinda Gersão, p.ex., nas suas *Histórias de Ver e Andar* (2002), evoca, sutilmente no próprio título a confluência genológica e genealógica do *conto*: a arte e a tradição que vai da tradição oral (do contador de histórias e do contoário popular) às diversas linhagens da sua escrita na tradição europeia (com Boccaccio, Chaucer, Margarida de Navarra, etc) e nacional (com Gonçalo Fernandes Trancoso, etc), passando pela sua versão de "proveito e exemplo" (profano e religioso, como é o caso de tanta narrativa hagiográfica, como o *Flos Sanctorum*), pela experiência da escrita de viagens (do episódico observado e/ou imaginário) e pela sua contaminação com o ludismo e atualidade da escrita folhetinesca e cronística, etc.[85]

O edifício, centrado na sua *corporalidade*, chega, mesmo, a encenar a sua *passagem para o outro lado dos espelhos*, fazendo-nos sentir novas Alices de imponderáveis Lewis Carrolls...

Teolinda Gersão, n' *A Casa da Cabeça de Cavalo* (1995)[86] representa a estrutura textual do ponto de vista da dinâmica da sua criação, demonstrando a escrita como lugar cuja construção começa com um projeto a verter-se em palavras e se conclui no seu esgotamento. E oferece-nos um "diário" onde ensaística e reflexivamente ficcionaliza e encena a sua escrita e a escrita de toda a sua obra, afinal (*Os Guarda-Chuvas Cintilantes*, 1984), gerada num silêncio e início potenciadores onde se refrata o da própria humanidade em bíblica parábola (*O Silêncio*, 1981).

E Rui Nunes complementa essa despedida do signo estético *corporizado*. Primeiro, reduzindo-o ao espaço mais íntimo de um quarto (*Osculatriz,* 1992). Depois, ao espaço da página, num "livro-*casa geminada*" (*Que sinos dobram por aqueles que morrem como gado?*, 1995) onde a ordem arquitetônica se divide em dois hemisférios, esquerdo e direito, entre os quais sutis deslizamentos

---

85 Sobre a intertextualidade desta autora tive já ocasião de refletir no ensaio *Teolinda Gersão: a palavra encenada* que integra o volume em coautoria com Teolinda Gersão e Fátima Marinho (Op. cit.) e o meu livro de ensaios *Emergências Estéticas* (ed. cit.).

86 *A Casa da Cabeça de Cavalo*, Lisboa, Publicações Dom Quixote, 1995.

insinuam especularidade e travestimento de uma para a outra componente, mas sem que haja uma instância unificadora do conjunto (refiro-me, claro, à mais tradicional: o narrador ou um sujeito de escrita definido). Depois, com um *grito* agônico (*Grito*, 1997) cuja fragmentação é evidenciada pela multiplicidade de tipos de caracteres, contornos rendilhando a negro a brancura da página e do silêncio, cada um exprimindo um dos intervenientes e dos tempos, fantasmizando as tradicionais categorias ficcionais, vertendo a crise do sujeito em crise da escrita e do *lugar* de ambos, do siscurso, essa *casa-página* em que se verteu, por fim, a arquitetura da sua antecedente tradicional, a casa-habitação.[87]

Al Berto, qual novo trovador, procura fazer reconhecer essa *casa* como mais efêmera ainda, *voz* durando a sua *emissão* em consagrado palco coletivo (o Coliseu), recuperando como possível, em *Horto de Incêndio* (1997), a dimensão oral e agregadora das origens da Literatura nacional. *Vocalização* "num vocabulário reduzido e/ obsessivo – até que o relâmpago fulmine a língua/ e nada mais se consiga ouvir"[88], seduzindo o outro através da sua sobrevivência na memória que atravessa o silêncio.

Do século XX para o XXI, Casimiro de Brito consagra em aforismos a dimensão estética e a potencialidade semântica e interdiscursiva do silêncio, "rumor do mundo", o solipsismo, a relatividade de tudo e a universalidade do humano num texto onde o estético assume a ordem mais neutra, igualizadora e enciclopedista: a alfabética. Tecendo de *pontos luminosos* (*Intensidades*, 1995) uma escrita na *via dos mestres* (*Ode & Ceia*, 1985, *Na Via do Mestre*, 2000) informada de *frágil sabedoria* (*Da Frágil Sabedoria*, 2001) e que se reconhece fragmento de Babel (*Fragmentos de Babel seguido de Arte Poética*, 2007).

....
87 Esclareço e aprofundo estas questões numa comunicação apresentada no VII Seminario Internacional de Tradución e Poética de Rianxo "Homenaxe a Darío Villanueva Prieto", de 22 a 25 de novembro de 2006, organizado pela AULIGA (Asociación Internacional de Amigos – Universidad Libre Ibero-Americana en Galicia) e realizado na Casa da Cultura do Concello de Rianxo (A Coruña): "*Ars Moriendi* de Rui Nunes". O ensaio está incluído no meu livro *Itinerário* (no prelo).

88 *Horto de Incêndio*, Lisboa, Assírio & Alvim, 1997, p. 11.

Respeito a porta entreaberta por onde espreitei estes últimos autores em plena produção. O tempo, os autores e os leitores mobiliarão mais esta divisão da casa da Literatura Portuguesa Contemporânea.

E, como o adejar das asas de uma borboleta pode provocar um tufão na China, segundo a *Teoria do Caos*[89], temos de admitir que mobiliar a divisão do século XXI venha a ter consequências nas divisões anteriores, na nossa percepção delas, sempre que forem revisitadas ao longo do século XXI: cada um tenderá a reorganizá-las em função de si, dos seus critérios, das suas preferências, das suas leituras; cada período irá reavaliar o espólio dos seus pares, retirando peças de lugares mais destacados e substituindo-as por outras, guardando algumas e iluminando outras ainda. E talvez eu venha a mudar a descrição das salas agora apresentadas em tão breve síntese, cujas condicionantes (objetivo, estratégia, raciocínio, limites da comunicação) me obrigaram a fantasmizar tantos autores e tantas obras, elisão sempre decetiva e questionável. Afinal, os objetos evidenciam-se e ocultam-se mutuamente diante do nosso olhar em função da perspectiva...

---

89 Refiro-me ao "efeito borboleta" teorizado pelo matemático Edward Lorenz, em 1963.

2. ... À PALAVRA DA CASA...

DA POESIA PORTUGUESA CONTEMPORÂNEA

Imaginemos, agora, que me pediam para *apresentar* um território mais delimitado: a Poesia Portuguesa Contemporânea, destacando nela dezessete das suas referências maiores, ou, pelo menos, as que me parecessem favorecer uma cartografia possível (do relevante e do metamórfico), uma perspectiva das suas linhas de força mais vincadas e das da sua evolução. E imaginemos que essa apresentação supunha uma antologia maximamente reduzida ao *cânone mínimo* dos autores selecionados.

Foi o que aconteceu com um projeto que acabou por se concretizar na edição da antologia *El Otro medio Siglo (1950-2000). Antología Incompleta de la Poesía Iberoamericana* (2006), coordenada por A. Domínguez Rey [ed.], experiência que passo a descrever, esboçando, também, um mapa possível desse território.[90] Esta será, pois, uma viagem mais condicionada do que a anterior, viagem já feita e aqui relatada...

Fazer uma antologia coloca sempre o problema dos critérios de seleção do *representativo* no quadro das balizas cronológicas, quer no que se refere aos autores, quer no que aos textos respeita.

E antologiar a Poesia Portuguesa Contemporânea no âmbito de uma obra abrangendo outros espaços nacionais confrontou-me, naturalmente, com esses problemas e com inevitáveis limitações impostas por critérios que podem ser adequados a algumas literaturas nacionais, mas já não tanto a outras. Porém, só seguindo

••••••••••••••••••••
90 Este texto é uma versão da "Introdução" à *Antologia da Poesia Portuguesa da segunda metade do séc. XX* (introdução e seleção de 17 autores, dos textos e notas biobibliográficas), integrada em *El Otro medio Siglo (1950-2000). Antología Incompleta de la Poesía Iberoamericana*. por A. Domínguez Rey [ed.] (Galego e Castelán), Gilberto Prado Galán (Castelán de América), Vinyet Panyella (Cataluña), Annabela Rita (Portugal) ["Introdução", p. 335-344; 17 poetas, p. 333-420], Eucanãa Ferraz & Eduardo Coelho (Brasil), Patri Urziku (Basco). Antologia em 5 línguas. Galiza, Espiral Maior, 2006 [p. 557]. Como expliquei na versão original, as condicionantes e critérios foram definidos pela coordenação do projeto, ponderada a diversidade de panoramas das poesias dos diferentes países. Aqui, mantenho a exposição dos problemas com que me confrontei e as soluções que encontrei.

com rigor os critérios estabelecidos, pode haver, de fato, uma *comparação* entre diferentes sensibilidades, *corpos* estéticos.

Por isso, *antologiar*, sendo um exercício de releitura exigente e apaixonante, acaba por se revelar também um trabalho com uma componente deceptiva: o *puzzle* final não coincide, em rigor, com o da minha leitura da vida do gênero naquele período.

No caso da *Antologia Ibero-Americana da Poesia da 2ª metade do séc. XX*, os coordenadores decidiram que se excluiriam os autores nascidos nas primeiras duas décadas, acolhendo os nascidos a partir de 1921. Esta imposição geral impediu-me de incluir no conjunto dois poetas fundamentais no século XX português e nele nascidos: Jorge de Sena (1919-1978) e Sophia de Mello Breyner Andresen (1919-2004).

Jorge de Sena faz sentir a sua presença ensaística e literária a partir da década de 1940, mas a sua sombra paira até aos nossos dias. Com uma obra diversificada, mas sempre reivindicadamente informada de "sentimento poético", a sua poesia aspira à pureza mais lírica, ligando, inovadoramente, a memória clássica e a expressão lapidar às modalizações estéticas da contemporaneidade, à meditação sobre a condição humana e ao diálogo interartes. Incisivo, opinativo, polêmico, marcou a vida literária do seu tempo, apesar do seu exílio, entre o Brasil e os Estados Unidos.

Sophia de Mello Breyner Andresen atravessa o século e domina-o inquestionavelmente. Sacerdotisa do rito poético, do símbolo onde cruza presente e passado coletivos e individuais e onde consegue conciliar lirismo, ficção e reflexividade. Figura de intervenção emblemática de uma ética estética e de uma estética ética, chegou a ser deputada e foi agraciada com o Prémio Camões em 1999 e com o Prémio Rainha Sofia de Poesia Ibero-americana (na sua XII edição) em 2003.

E importa lembrar um poeta tutelar: Fernando Pessoa (1888-1935). Apesar de nascido no século anterior, abre o século com a publicação de uma poesia em 1902, progredindo nele através de periódicos e dessa obra fundamental que é *Mensagem* (1934), agigantando-se com a criação dos heterônimos e semi-heterônimos de um modo que parece obscurecer todos os poetas do século. Apesar de falecido antes do período que aqui nos ocupa, a sua presença tutelar chegou a tornar-se obsessiva, exclusivista, fenômeno assinalado por todos os lusitanistas nos anos 1970 e 1980 (por vezes, até com alguma saturação): os encontros nacionais e internacionais, os estudos, as publicações, os grupos de trabalho, as polêmicas sobre o seu espólio (de 27 543 folhas e ainda mais 13 documentos)[91], as bibliografias, as dissertações acadêmicas, os programas escolares, todo o espaço literário era dominado pela sua figura a um tempo esquiva e dramática, a mais reconhecida em Portugal e no estrangeiro, *angustiando* pela *influência* (o título de Harold Bloom adquire aqui todo o seu peso)[92]...

E poderia, ainda, saudar autores cuja palavra poética continua viva e sedutora, resistindo ao tempo e à mudança dos gostos e das sensibilidades, assinando em *marca d'água* a literatura do século transato: José Gomes Ferreira (1900-1984), "poeta militante" contra o desconcerto, a opressão e a monotonia do mundo, José Régio (1901-1969), influenciando vincadamente a vivência literária do seu tempo, Vitorino Nemésio (1901-1978), movido pela paixão de conhecer, em todas as vias a que conseguiu aceder, Miguel Torga (1907-1995), de telúrica inscrição, ou...

Deixo, pois, a lista de poetas que marcaram o século, numa retrospectiva de conjunto à distância possível, e passo ao ciclo que aqui me ocupa. Seguindo-lhe as décadas, auscultando-lhes a vida, mas deixando para o leitor uma observação mais próxima, mais atenta ao pormenor da diversidade estética, que a leitura dos textos selecionados favorece e permite.

---

91   Cf. <http://acpc.bn.pt/espolios_autores/e03_pessoa_fernando.html>.

92   Autores como Fernando J. B. Martinho têm observado essa presença fantasmática e as suas marcas na poesia portuguesa contemporânea (*Pessoa e a moderna poesia portuguesa – do "Orpheu" a 1960*, Lisboa, ICLP – ME, 1983; "Dez Anos de Literatura Portuguesa (1974-1984)". In: Colóquio/Letras, 78, março 1984; *Tendências Dominantes da Poesia Portuguesa da Década de 50*, Lisboa, Edições Colibri, 1996).

Antes, porém, um breve "aviso à navegação", umas palavras sobre o modo de elaboração da antologia.

Relativamente aos poetas. Procurei selecionar os poetas cuja presença é mais marcante e influente durante grande parte do período em causa (pesem embora ausências), eleitos consensualmente pelas instituições que cartografam as fronteiras estatutárias e genológicas da poesia: os clubes e associações literárias, os prêmios, as distinções, a crítica, a universidade, as antologias, os periódicos do gênero, os programas escolares, os *sites*, etc. E cruzei esse critério com o do reconhecimento no exterior (tradução, inclusão em publicações internacionais, distinções, inclusão em programas acadêmicos, participação em encontros, integração em academias ou outras instituições). E ponderei, quer as diferentes tendências e sensibilidades estéticas, quer o itinerário de transformação da poesia nesse meio século: a seleção deveria, de alguma forma, exprimir, representar e apresentar esses *sentidos*.

No que se refere à entrada no universo de cada autor. Seguindo as indicações dos coordenadores da antologia, as habituais notas bibliográficas foram estritamente reduzidas à bibliografia principal de cada um, de modo a favorecer uma relação mais direta e livre dos leitores com a poesia selecionada, evitando a mediação de notas e comentários, que, de algum modo, sempre condicionam a leitura. À introdução caberia, também, e com brevidade, enquadrar e situar os poetas, sensibilizar o leitor para o *panorama em movimento* que os emoldura. Como procurarei fazer aqui.

Quanto aos textos. Considerando o fato de esta Antologia Ibero-Americana constituir uma experiência pioneira, pareceu-me interessante convidar os poetas a indicarem os seus poemas mais representativos, criando aquilo que mais comodamente poderei designar como o seu 'cânone mínimo' (textos de 'arte poética', autoapresentacionais, mais paradigmáticos ou conhecidos). De preferência, também, deveria cada uma das seleções fazer uma travessia da obra autoral (evidenciando a sua evolução e sinalizando, com ela, a da própria literatura em que se inscrevia) e ser de extensão idêntica. Estes critérios, aceites pelos autores, permitiram-me constatar que o conjunto dos poemas escolhidos mantinha, em geral, grata sintonia com a seleção que eu própria teria feito para cada um deles e, em certos casos, os autores aceitaram e assumiram a minha própria seleção: não coincidindo ambos os *puzzles*, como é natural, tendiam a provocar *efeitos de leitura* muito aproximados, *imagens autorais* semelhantes, fato que revela, dentre outras coisas, que os poetas mantêm uma visão muito informada, mantêm, regra geral, uma profunda reflexão teórica, crítica e comparatista sobre o seu trabalho, e, nesse aspecto, 'rondam' a ensaística, com algumas incursões nessa área ou sendo, também, ensaístas.

Nos casos em que foi possível contar com a colaboração dos poetas, vão eles e os textos assinalados com um asterisco à frente do nome e do título ou em vez dele (quando não são intitulados). Esta reflexão autoral, presente apenas nas raras antologias que os autores fazem das suas obras, foi, pois, incorporada nesta, favorecendo uma *leitura orientada pelos próprios* e, com ela, um triplo confronto: entre as *poéticas*, mas também entre os diferentes *critérios estéticos* e entre as *estratégias apresentacionais*. Trata-se, pois, de uma antologia que permite diversas vias de perspectivação da Poesia Portuguesa da segunda metade do século XX, sempre que possível, *na primeira pessoa, viva*.[93]

....
93 O resultado desse processo foi um conjunto bastante diversificado de textos que enuncio em seguida, remetendo para o volume da antologia as referências bibliográficas. Carlos de Oliveira (1921, Belém do Pará – 1981, Lisboa): "Filtro", "Mapa", "Chave", "Leitura". Eugénio de Andrade (1923, Póvoa de Atalaia – 2005, Porto): "As palavras", "A Arte dos Versos", "Poema à mãe", "O sal da língua", "O sorriso", "Litania", "O Silêncio". Mário Cesariny (1923, Lisboa): "Autografia", "O homem em eclipse", "O poeta chorava...", "You Are Welcome To Elsinore". António Ramos Rosa* (1924, Faro): Entre duas páginas"*, "Aqui onde estamos onde a ferida"*, "Uma voz"*, "Liberdade é o teu Nome"*, "A Voz Anónima*. Alexandre O'Neill (1924, Lisboa – 1986, Lisboa): "Animais doentes", "Há palavras que nos beijam", "Ao rosto vulgar dos dias", "Em pleno azul", "Entre pedras, palavras...", "Un coup de mode". David Mourão-Ferreira (1927, Lisboa – 1996, Lisboa): "Casa", "É como se tivesses mãos ou garras". Fernando Guimarães* (1928, Porto): "Escuta só a voz"*, "Adormeço; procuro serenamente no teu corpo"*, "Retrato de Jeanne Hébuterne por Modigliani"*, "Anna Akhmatova"*, "Mater Dolorosa"*, "Disseste que eram outras as folhas. Recebíamos assim os gestos"*. Ana Hatherly* (1929, Porto): "79"*, "80"*, "81"*, "91"*, "97"*, "A escritalidade"*, "A Máscara da Palavra"*, "As palavras aproximam"*, "O decifrador de imagens"*, "A matéria das palavras"*, "O que é o espaço?"*, "Um rio de luzes"*. Fernando Echevarría*

Avanço para um breve sobrevoo da poesia no período aqui em causa, em jeito de enquadramento dos poetas selecionados, ciclo que, à distância, parece *fraturado* a meio pela revolução política do 25 de Abril de 1974, acontecimento provocando uma inflexão do sentido e dos sentidos mais óbvios, prementes e mobilizadores da arte de até então. Será uma breve visitação em que os nomes surgirão apenas a título de exemplo de sensibilidade estética, evitando a tentação do *levantamento* de autores, compensatória das omissões a que uma seleção antológica está fatalmente condenada. Omitida será também a 'rota' pelos periódicos em torno dos quais se agruparam autores e/ou estéticas mais marcadas, como as do seu limiar (*Cadernos de Poesia*, 1940-42, 1951, 1952-53; *Távola Redonda*, 1950-54; *Árvore*, 1951-53; ou *Cadernos do Meio-Dia*, 1958, p.ex.), lugares onde muitos poetas adquiriram visibilidade[94] e que pontuam alguns momentos do itinerário.

Os primeiros poetas começaram a publicar no pós-guerra, tempo marcado por três tendências vincadas: mais esteticista (Eugénio de Andrade, Albano Martins, além dos ausentes Jorge de Sena e Sophia de Mello Breyner), neorrealista (José Gomes Ferreira,

---

(1929, Cabezón de la Sal): "Cisne"*, "Ver-te é antigo. Ou respirar canela"*, "Quando entrava um amigo, abria a casa"*, "Move uma perna. E o lugar termina"*, "Vénus"*, "Por fim, era a lavoura que lhe retinha os anos"*, "Estremecem as fronteiras. Não no espaço"*, "Touro"*. Herberto Helder (1930, Funchal): "(a carta da paixão)", "Deixarei os jardins a brilhar com seus olhos", "O Poema". Albano Martins* (1930, aldeia do Telhado): "Poema para habitar"*, "As palavras em trânsito"*, "Compêndio"*, "Arte Floral"*, "Pequenas coisas"*, "Compromisso"*, "Um dos capítulos"*. António Osório* (1933, Setúbal): "A um mirto"*, "Os calceteiros"*, "Mãe que levei à terra"*, "Velásquez pintando as meninas"*, "Ignição"*, "Os novos habitantes"*, "O regresso"*. Ruy Belo (1933, São João da Ribeira – 1978, Lisboa): "Cinco Palavras Cinco Pedras, "josé o homem dos sonhos", "Não sei nada", "Como quem escreve com sentimentos", "Sobre um simples significante". Pedro Tamen* (1934, Lisboa): "I, 4"*, "Acolitar as ruas com olhos azulados"*, "Adiro e rememoro, calo e vejo"*, "16"*. Casimiro de Brito* (1938, Loulé): "A Arte da Escrita*, "Portugal"*, "Negação da Morte"*, "fragmento 33"*, "fragmento 53"*, "fragmento 120"*, "fragmento 281"*, "fragmento 415"*, "Três *haiku* inéditos"*. Fiama Hasse Pais Brandão (1938, Lisboa – 2007, Lisboa): "Quando eu vir vaguear por dentro da casa", "A um poema", "A porta branca", "Foz do Tejo, um país", "Resposta", "Sistema solar", "Urbanização". Nuno Júdice (1949, Mexilhoeira Grande): "Arte do Poema, "A Arte é Poética", "Lição de Desenho no Atelier", "Arte Poética com citação de Hölderlin", "Arte Poética (Explicação)", "Com a tarde, as palavras mudam de cor".

94 As revistas literárias foram objeto de estudo de Clara Rocha (*Revistas Literárias do Século XX em Portugal*, 1985) e de Daniel Pires (*Dicionário das Revistas Literárias Portuguesas do Século XX*, 1986).

Manuel da Fonseca, Carlos de Oliveira, Egito Gonçalves, Manuel Alegre, etc), surrealista (Mário Cesariny, Alexandre O'Neill, António Maria Lisboa). Essas tendências parecem confluir para António Ramos Rosa, que as concilia ecleticamente, enriquecendo essa síntese com uma memória estética que o fim de século explora.

O conservadorismo para que a poesia tende na década de 1950 é abalado no início dos anos 1960, que, mantendo a diversidade tonal, assume o desejo, ou, mesmo, projeto(s) de renovação.

O experimentalismo (Ana Hatherly, Herberto Helder, E. M. de Melo e Castro) e o movimento *poesia 61* (Maria Teresa Horta, Casimiro de Brito, Fiama Hasse Pais Brandão, Luiza Neto Jorge, Gastão Cruz) surgem, infletindo decisivamente a literatura da época e atraindo para junto de si figuras mais individualizadas ou, mesmo, grupos: surpreendem no modo emblemático e interventivo como assumem, um, a fusão genológica e interartes na manipulação da palavra e a sua objetalidade, o outro, a lição estruturalista e universitária, valorizando a materialidade e a dimensão estética do verbo poético.

Outros continuam a empunhar a palavra contestatária (como Manuel Alegre ou Fernando Assis Pacheco) ou a seguir vias já encetadas (Armando Silva Carvalho).

Na década de 1970, a euforia das perspectivas estruturalistas, marcando a vida cultural portuguesa, potencia, no plano estético, a inflexão das vanguardas do experimentalismo e da *poesia 61*, que revalorizam de formas diferentes a materialidade da palavra, e imprime uma viragem decisiva à arte em geral, libertando-a de um objetivo de intervenção, e forçando-a, assim, a uma profunda reflexão na busca de novos caminhos.

A essa época de dinâmicas de grupo, segue-se um tempo mais marcado por cantos individuais, solitários, insularizados, de identidade já marcada, muitos deles já afirmados (Fernando Echevarría,

Herberto Helder, Albano Martins, António Osório, Ruy Belo, Pedro Tamen, Casimiro de Brito, Fiama Hasse Pais Brandão, como, aliás, todos os que constituíram e mais rodearam esses grupos).

E este *puzzle* assim cartografado mantém-se, com novos poetas que, em certos casos, aprofundam e evidenciam essas tendências bebendo na reflexão teórica universitária (Nuno Júdice, Manuel Gusmão).

A atenção ao quotidiano (Joaquim Manuel Magalhães, João Miguel Fernandes Jorge), a aproximação da poesia à narrativa, a vincada intertextualidade (Nuno Júdice, Vasco Graça Moura, Manuel António Pina), o lirismo melancólico (António Osório, José Agostinho Baptista, Fernando Pinto do Amaral, dentre outros) são vias que afirmam e terão continuidade em escritas, tendencialmente, aspirando à definição de cânones autorais e rejeitando identidades mais grupais.

Nos anos 1990, há uma explosão de poesia. As vozes poéticas sucedem-se no interior de uma moldura de valorização, quer do timbre juvenil e irreverente, quer de uma escrita intelectualizada. É a 'nova' e 'novíssima' poesia.

Enquadremos, agora, também brevemente, os dezessete poetas neste panorama.

Considerando o panorama esboçado, temos de reconhecer que os seus pontos mais luminosos e permanentes são os autores nascidos na primeira metade do século: de um modo geral, atravessaram-no, já incontestavelmente consagrados na segunda metade, o que acaba por fazer com que uma antologia do século *quase* coincida, afinal, com a da sua segunda metade. Ou teríamos de pensar esta em função de outros critérios que não os da *representatividade*, *importância* consensual, *influência*, tempo de *presença*, etc, privilegiando o seu ciclo de emergência e consagração ao longo desse período, os seus *novos*. Daí uma seleção que, tendo de partir de 1921, privilegia um grupo de oito poetas dos anos 1920 e sete dos anos 1930, reservando apenas uma representação para a década seguinte, no seu final.

Observemos o conjunto.

Apesar de os primeiros dezesseis poetas poderem parecer dois 'blocos' geracionais, não apenas evitei representantes de estéticas mais próximas, do mesmo grupo e ano de nascimento (sendo a cronologia mais aleatória, vou ao máximo de dois autores do mesmo ano), como noto uma certa unidade que integra o último em transformadora continuidade: uns surgem nitidamente mais inscritos no seu tempo, vivendo, até em grupo, dinâmicas de tendências estéticas que marcam a trajetória do século (Mário Cesariny, Alexandre O'Neill), outros recortam-se nelas, distanciando-se e individualizando-se, mas também deixando reconhecer em si os *itinerários da evolução estética* da nossa contemporaneidade poética (Carlos de Oliveira, Ana Hatherly, Herberto Helder, Casimiro de Brito), outros exprimem uma modernidade profundamente radicada na sua anterioridade (Ruy Belo, Pedro Tamen) ou uma escrita reflexiva (Fiama Hasse Pais Brandão) e autorreflexiva (Fernando Guimarães, Fernando Echevarría), outros, ainda, desenvolvem *solos* que os identificam entre diferentes modulações (António Ramos Rosa, David Mourão-Ferreira, Albano Martins), mas em todos se faz reconhecer uma caminhada no sentido de uma poesia reflexiva e autorreflexiva anelante da construção e/ou definição identitária, informada de uma dimensão teórica e filosófica e de uma memória que chega a tornar-se obsessiva e a convocar outras artes (pintura, música, etc), sentido que conduz ao último autor da série, Nuno Júdice, autor em que ele se cristaliza e representa radicado na lição universitária.

Mas talvez valha a pena um olhar mais casuístico. Sigamos a rota da antologia.

Carlos de Oliveira sintetiza na sua obra os dois vetores mais obviamente marcantes do século, como que lhe une os extremos: o ético, da denúncia social, que o aproxima do Neorrealismo, apesar de 'heterodoxo', e o vetor estético, numa escrita reflexiva e autorreflexiva, atenta ao seu processo de produção, obsessivamente atenta ao pormenor, aspirando à máxima depuração e à imagem de síntese, absorvendo-se na *micropaisagem* compreensiva e iluminante, "seguindo o fio/ da tinta/ que desenha/ as palavras/ e tenta/ fugir ao tumulto/ em que as raízes/ grassam,/ engrossam, embaraçam/ a escrita/ e o escritor" (*Micropaisagem*), dissolvendo a sombra do escritor sob a palavra autoral.

Eugénio de Andrade mergulha nas raízes da cultura portuguesa, buscando-lhe o ritmo e as imagens mais míticas e elementais (a terra, com os seus frutos e corpos, a água, o fogo, na luz de um sol escaldante ou do dourado outonal, o ar, ou tudo o que seja volátil), aspirando a um paraíso sensível, mediterrânico, informado de paganismo. E tece a ponte entre a dimensão humana, de grande fragilidade, assumindo a imagem da mãe e a relação com ela como dominante, obsessiva, umbilical, nostálgica, e a dimensão estética, de profundo comprometimento com o trabalho da língua, depurado, exigente, saboreado.

Mário Cesariny, poeta e pintor, personalidade polêmica, protagoniza o confronto e a contestação, das proximidades do Neorrealismo até às fileiras surrealistas. Colocando a espontaneidade ao serviço da contestação e da subversão, afronta os comportamentos ou princípios mais institucionalizados no campo do pensamento, da cultura, dos costumes, do erotismo. Mesmo recorrendo a processos tipicamente surrealistas, consegue surpreender numa linguagem que oscila entre o quotidiano e o insólito, a clareza e o hermetismo, a ternura e a agressividade, o artifício e a exaltação.

António Ramos Rosa elege a palavra poética para romper a ignorância ou os saberes adquiridos: desejando dizer bem o real, na sua nudez e essencialidade, mas veiculando nela toda uma memória, individual e coletiva. Se começa recortado entre uma problemática neorrealista e existencialista e a imagística surrealista, evolui no sentido de uma escrita cada vez mais atenta à sua materialidade e à sua origem, mas também à leitura da alteridade estética e filosófica, anelante de nelas se esclarecer, iluminar, num itinerário de exploração estética e ontológica em que o poeta, corpo mítico, vive a tragédia da efemeridade.

Alexandre O'Neill emerge na "aventura surrealista" (1945-50), de que se demarca em 1951, permanecendo oscilante entre uma certa ambiguidade e fuga ao real e o seu contrário, o ludismo e a subversão, a sátira mais incisiva e realista, mas também voltada para a criação poética, o gosto do insólito, um formalismo também pessoal e a exploração da dimensão fonética e visual da palavra.

David Mourão Ferreira, com abrangente formação literária e teórica, caldeada no ensino e na investigação universitários, mas também na experiência política e no diálogo internacional, desde cedo ligado a revistas literárias (*Távola Redonda*, 1950; *Árvore*, 1951; *Tetracórnio*, 1951; ou *Graal*, 1956), tem uma voz de timbre intimista e lírico, assumindo progressivamente um ideal de depuração estética que adensa na celebração do *mistério poético* apenas contradito pela clara consciência dos processos de escrita.

Ana Hatherly vive a comunicação nas suas diversas formas: poeta, pintora, realizadora de cinema, investigadora, professora universitária, fundadora e/ou dirigente de revistas e de instituições literárias. Caldeou o experimentalismo na investigação do barroco e em práticas de manipulação do signo estético e da sua depuração e adensamento, manifestando uma tendência epigramática de timbre irônico.

Fernando Echevarría, com sólida formação filosófica e teológica, caldeada no ensino e na investigação, começa por ter uma escrita retoricamente complexa, tendendo, depois, para a sutilizar no gesto elíptico e na abstração de tonalidade filosófica, denunciada em muitos dos seus títulos, e para a adensar no exercício de conhecimento e no gesto concentracionário que a constitui.

Herberto Helder é, reconhecidamente, o poeta de maior complexidade metafórica, caldeada no conhecimento bebido numa existência rica de heterogeneidade e na investigação diversificada que desenvolve. Reivindicando para a sua escrita a dimensão do "poemacto", "corpo orgânico" ou "cosmos" em processo contínuo, genologicamente fusional, afirma-o lugar onde a transformação se realiza, ensaiando a escuta da anterioridade e da posteridade.

Albano Martins desenvolve uma escrita assumida entre o excesso e a perda, marcada pela vocação do silêncio e do amor, pela brevidade oracular e pela memória estética e existencial, biográfica, até, que convoca e com que dialoga.

António Osório tem uma voz que assume, com timbre afetuoso, o canto da criação e do mistério da vida e da morte, do mundo em que profunda e intimamente se integra, em reverente diálogo com os deuses e com os animais, mergulhando na luminosidade clássica, modulando-se na observação reflexiva, depurando-se numa tendência elegíaca.

Ruy Belo traz à poesia portuguesa uma respiração rítmica de inspiração bíblica e filosófica, exprimindo um relacionamento trágico do poeta com o tempo e com a linguagem que o procura exorcizar, no que ele tem de relativo, e um sentimento de profunda solidariedade humana.

Pedro Tamen, poeta e tradutor empenhado, desenvolve a ambiguidade discursiva, por vezes, sarcástica e anticonvencional, o rigor imagístico, a cuidada elaboração retórica, a harmonia do jogo, a crença na possibilidade de dizer o real e uma modulação afetiva gerada na religiosidade inicial da sua obra.

Casimiro de Brito singulariza-se por um *projeto de obra*, labirinto que começa por enunciar e desenvolver apolineamente e que acaba por assumir como monumento funerário em cuja cripta se fechará, num itinerário habitado pelas vozes da anterioridade (e contemporaneidade) estética e cultural, ocidental e oriental, e marcado por temas obsessivos e pela vocação do silêncio, caldeado na depuração e na brevidade aforística e fantasmizado por modelos matriciais (o *Livro dos Livros*).

Fiama Hasse Pais Brandão, personalidade hierática da vida literária portuguesa, com uma escrita que vai da poesia ao ensaio e ao teatro, tem a poesia, assumida como processo vivo, marcada por uma dimensão cosmogônica, pela densidade da palavra, onde a imagem se recorta no rigor e depuramento formais, encenando-se, por vezes, no fragmento.

Nuno Júdice, enfim, representa, quase emblematicamente, essa autorreflexividade estética habitada de memória que domina a sua geração e o final de século, até no corpo da sua bibliografia (entre a criação e o ensaio). A poesia é lugar de encenação de um sujeito ficcional em que radicam a reflexão sobre o ato poético, a memória artística diversificada e o timbre melancólico, amoroso ou existencial, ou a emergência irônica.

No panorama traçado, que me conduziu do quadro geral à seleção, talvez ainda valha a pena assinalar um fenômeno vivido no fim do século XX e no início do XXI, em Portugal, observável, aliás, em todas as práticas artísticas. A poesia parece tensionada entre três forças: uma centrífuga, explosiva e dessacralizante, banalizadora, de multiplicação de vozes até além das fronteiras mais 'institucionais'; outra, centrípeta, concentracionária e esteticizante, reivindicando uma territorialidade até mais reduzida do que essas fronteiras 'consensuais'; outra, de pulverização insularizante nas fronteiras entre o literário e o que consensualmente o não é, a que os *media* dão visibilidade.

E esse fenômeno exprime-se mais óbvia e reduzidamente no gesto antologiador, aquém e além-fronteiras.

Dentre muitas outras iniciativas nacionais e estrangeiras, vou enunciar casos, a título de exemplificação diversificada desse fenômeno, que, se demonstram bem a vitalidade da poesia portuguesa contemporânea (e do que aspira a ser aceite como tal), também revelam a necessidade de balanço que ela experimenta no final do século, como que buscando *disciplinar-se*, definir ou identificar *cânones* ou *o cânone da contemporaneidade* (talvez o desejo inconsciente), na multiplicidade de registos tonais, de configurações formais e de sensibilidades imagísticas e rítmicas, gesto de *retração* na expansividade em que teme dissolver-se. E já não menciono as antologias internacionais com representação portuguesa, nem as que selecionam uma tendência estética ou um tema, nem as que procuram atravessar toda a literatura nacional, nem as que se multiplicam *online*, quer acessíveis em *sites*, quer desenvolvidas com periodicidade...

Para trás vão já ficando, apesar de referências incontornáveis, as *Líricas Portuguesas*, designadamente os volumes da responsabilidade de Jorge de Sena (1958, 1983) e António Ramos Rosa (1969), e a *Antologia de Poesia Portuguesa 1940-1977* (1977), organizada por E.M. de Melo e Castro e Maria Alberta Meneres, para referir as mais destacadas.

Num relance pelo espaço nacional.

Entre a escrita e a leitura. Encerrado o século, radicada na *leitura* crítica, marcante, valiosa e ambiciosa é *Século de Ouro. Antologia Crítica da Poesia Portuguesa do séc. XX* (2002), organizada por Osvaldo Manuel Silvestre e Pedro Serra e passando pela experiência de uma 'consulta' a 73 ensaístas sobre autores e textos mais representativos do gênero, processo que conduziu à seleção de 47 autores (resultado em que certas ausências e presenças causaram alguma polêmica).

Entre a seletividade e o excesso. *Quinze Poetas Portugueses do Século XX* (2004), organizada e prefaciada por Gastão Cruz. No polo oposto, institucionalmente rejeitadas, iniciativas diversas denunciam uma marginália sonhando visibilidade.

E além-fronteiras.

Em França, a *Antologia da Poesia Contemporânea Portuguesa 1935-2000* (2003), de Michel Chandeigne (seleção) e Robert Bréchon (prefácio), publicada na Gallimard. Na Bélgica, a bilíngue *Poésie Portugaise Contemporaine* (1997), de Robert Massart (seleção e tradução) e José Horta (introdução e notas biobibliográficas). Em Espanha, a *Antología de la Poesía Portuguesa Contemporánea* (1982), de Ángel Crespo. No Brasil, a *Antologia de Poesia Portuguesa Contemporânea* (1982), organizada por Carlos Nejar, e a *Antologia da Poesia Portuguesa Contemporânea* (1999), da responsabilidade de Alberto da Costa e Silva. Na Itália, a bilíngue *Poeti Portughesi Contemporanei* (1999), dos "Quaderni Internazionali di Poesia", da responsabilidade de Manuel Simões. No México, duas antologias bilíngues: a *Antología breve de la poesia portuguesa del siglo XX* (1997), organizada por Mario Morales Castro, e a *Antologia de poesia portuguesa contemporânea* (1998), organizada por Fernando Pinto do Amaral.

Integrada em *El Otro medio Siglo (1950-2000). Antología Incompleta de la Poesía Iberoamericana*, coordenada e editada por A. Domínguez Rey, temos uma *Antologia da Poesia Portuguesa da segunda metade do séc. XX* (com introdução e seleção de dezessete autores, dos textos e notas biobibliográficas realizada por mim). Que faz a poesia portuguesa conviver com as que a acompanham no volume editado. Em recíproca sedução.

3. ... À PALAVRA ENTRE CASAS...

3.1. *Entre* o eu e o outro:
COORDENADAS DE UMA CARTOGRAFIA IDENTITÁRIA[95]

A visão é uma síntese resultante de múltiplas transformações, espelho deformado e deformador: originalmente bi-ocular, as imagens percepcionadas são projeções do volumétrico em superfície curva e passam por sucessivas inversões, acabando por ser sujeitas a um processo de reconhecimento e interpretação mnésica de reconhecimento de características. Ou seja, a visão não garante um conhecimento fiel, fidedigno, da realidade, apenas uma aproximação a ela.

Quando dois indivíduos se encontram, o conhecimento mútuo está sujeito às condicionantes perceptivas e culturais vividas no campo de forças da interação. *Eu* e *outro* designam *lugares* opostos no eixo comunicativo em circunstâncias contingentes, uma relação de papéis reversível, susceptível de engano e/ou de simulação e dissimulação. *Eu* vejo-me de certo modo e quero fazer-me ver de outro, acreditando reconhecer-me visto ainda de outro por aquele que está diante de mim e cujo comportamento, muitas vezes, me faz hesitar interpretativamente. O mesmo se passa com *ele*, para quem eu sou *outro*. E cada um de nós é vários *outros* no espelho multiplicado dos olhares alheios e, mesmo, para si, diante de situações ou pessoas bastante diversas…

A reflexão identitária parece ser uma problemática que atravessa as diferentes culturas. A problemática da *identidade cultural* tem sido uma constante ao longo do tempo. Sistemática e obsessivamente, a humanidade questiona-se sobre a sua *identidade cultural*. E, se esse questionamento se evidenciava no espaço europeu, progressivamente, mundializou-se.

....
95 Comunicação apresentada na Conferência Internacional: Imagens Periféricas. Encontros culturais entre Portugal e a Europa Oriental, Universidade Técnica de Chemnitz, Alemanha, 14-16 de Novembro de 2007; <http://www.tu-chemnitz.de/phil/europastudien/swandel/conf/p/index.php>; <http://www.tu-chemnitz.de/phil/europastudien/swandel/conf/papers.php#19>.

Tentamos autodefinir-nos. E procuramos resposta na História, no movimento das ideias, na língua, na literatura, etc. Busca que continua, tão irresolúvel como qualquer outra de tipo *essencialista*, e inconclusiva até pela permanente mutação do sujeito e do objeto.

Não é, pois, minha pretensão resolver aqui este problema coletivo.

Aqui, apenas vou tentar refletir sobre o que estimulará este tipo de questionamento, procurando, com isso, também, compreender a sua generalização e pregnância.

Creio poder afirmar que a experiência coletiva é paralela à individual: é por *contatarmos* com o *outro* que constatamos *diferença* e *semelhança* e procuramos defini-las, definindo-nos e definindo o *outro*.

E o *contato* ocorre, naturalmente, quando alguém se desloca e se confronta com outrem.

Ora, a experiência da *deslocação*, sendo constitutiva do nomadismo das sociedades mais arcaicas, tende a dar origem à *viagem* propriamente dita quando o local de partida é perspectivado como origem, mátria ou pátria identitária, espaço de referência. Quanto maior é a distância (no plano da geografia e no do conhecimento), maior tende a ser a *expectativa* relativamente a esse encontro e a *estranheza* sentida antes dele e durante. E, se é verdade que elas diminuem com a distância, também convirá reconhecer que a proximidade se tinge de emocionalidade, muitas vezes negativa: a rivalidade, a emulação, a desconfiança, etc, modalizam as relações com o *outro* vizinho. No entanto, a modalização emocional da relação advém, em geral, dos motivos da deslocação, independentemente da distância: objetivos religiosos ou militares radicados na convicção da *diferença* (entendida sempre como *superioridade* do *eu*) originam, logicamente, relacionamentos problemáticos, como a História tem demonstrado.

A *estranheza* do encontro original com o outro é de tal forma marcante que justifica ser documentada: tema de narrativas, da mais oficial e oficiosa à mais pessoal e diarística, da mais verídica à mais imaginária, da individual à coletiva, etc. Sobre ele, *contato*, vasta e heterogênea é a bibliografia, *legitimada* no sentimento da *estranheza* original e na consciência da sua importância cultural: a *viagem*, na sua vivência e/ou na narrativa que a regista, é a moldura, enquadramento necessário e fator de *evidenciação*.

A *viagem*, portanto, põe frente a frente dois *indivíduos* com tudo o que os constitui culturalmente, dois sistemas individualmente representados. E a aproximação é progressiva: da visão à tentativa de comunicação (verbal, gestual, comportamental) e ao convívio (onde em que a gestão da *territorialidade*[96] se conjuga com códigos de conduta e de valores), tudo vai revelando e evidenciando a *diferença* do *semelhante*.

Daí a importância da *narrativa de viagens*, tomada no seu sentido mais amplo, e o fato de ela atravessar toda a cultura ocidental. Daí, também, essa literatura *mimetizar* no seu itinerário discursivo, em cada texto, essa aproximação, *conduzindo o discurso e o leitor em direção ao objeto da sua narrativa*, numa pedagogia que outras narrações utilizarão também: trata-se de uma 'paródia' (no sentido que Linda Hutcheon propõe[97]) estrategicamente ao serviço, quer da amplificação da curiosidade e da disponibilidade do leitor, quer da verossimilhança da história contada, quer, ainda, da aceitabilidade da "lição" que ela constitui[98]. Daí, também, as narrativas de viagens imaginadas e imaginárias, qualquer delas potenciadas pela *estranheza* da vivência original.

---

96   Sobre a importância da gestão dessa "dimensão oculta" cf. Hall, Edward T. *A Dimensão Oculta*, Lisboa, Relógio d'Água, 1986, e *A Linguagem Silenciosa*, Lisboa, Relógio d'Água, 1994.

97   Cf. Hutcheon, Linda. *Uma teoria da paródia*, Lisboa, Edições 70, s.d. [1989].

98   Remeto para o que disse sobre este fenômeno a propósito do discurso de Júlio Dinis em *Os Fidalgos da Casa Mourisca* (1871) no meu livro *Breves & Longas no País das Maravilhas* (ed. cit., p. 57-68).

No caso da *viagem*, a Europa tem uma experiência dominante na História: em missão oficial ou por iniciativa individual, motivados por objetivos militares, religiosos, culturais, econômicos ou de aventura, os europeus procuraram alargar os horizontes do mundo seu conhecido até onde lhes foi possível. E, nela, alguns povos assumiram claro protagonismo, como foi o caso de Portugal, se me permitem destacá-lo, com a aventura dos assim designados "Descobrimentos", ciclo de expansão nacional e, naturalmente, europeia.

Ocorrem-me alguns exemplos de situações e de textos que as referem, expressivos desse fenômeno do encontro entre o *eu* e o *outro*, relação de papéis cuja reversibilidade/reciprocidade, no fundo, o discurso escamoteia: para cada um dos protagonistas do encontro, o *visto* é sempre o *outro*. Por isso, conviria podermos confrontar, analiticamente, *ambos* os depoimentos, as duas faces da mesma medalha, considerando as circunstâncias que as condicionam: como perspectiva o recém-chegado o seu interlocutor e como encara este o viajante? É o confronto que importa fazer e que permitirá avançar na nossa reflexão. Mas é, também, o confronto mais difícil de conseguir: encontramos relatos de viajantes que nos fornecem uma imagem do *outro* e, eventualmente, a que o *outro* faz crer ter *dele* (através de reações, de informações veiculadas por terceiros, etc, o que é sempre do domínio interpretativo e, mesmo, do que pode ser contrainformação), mas raramente conseguimos aceder a diretamente a ambos os olhares no seu exercício simultâneo.

Apesar de ciente desta limitação e da incompletude reflexiva que dela releva, não resisto a evocar, a título de exemplo, um dos *olhares*, e, em rigor, o *eurocêntrico*, frente ao *outro*, observando o seu funcionamento e as suas condicionantes maiores.

No seu encontro com o *outro*, ele é, à partida, condicionado pelos *modelos* mais marcantes da sua cultura, pelos que, dominando o seu imaginário, se recortam decisivamente em ponto de fuga, desenhados pelos textos mais fundadores do seu cânone cultural. São imagens que lhe *modelizam* a interpretação e a reação, o comportamento com o *outro*. Imagens que se sucedem e conjugam nas diferentes etapas da relação.

Comecemos pela percepção inicial, a visão do *outro*.

Recordo a *Carta de Pero Vaz de Caminha*, sobre a chegada ao Brasil em 1500, destacando a narrativa do reconhecimento da terra desconhecida, desde os primeiros sinais do seu vislumbre, à aproximação a ela e ao contato com ela e com os seus habitantes:

> E assim seguimos por este mar de longo até que, terça-feira de Oitavas de Páscoa, que foram vinte e um dias de Abril, cerca de 660 ou 670 léguas da dita ilha, segundo diziam os pilotos, topámos alguns sinais de terra, os quais eram muita quantidade de ervas compridas a que os mareantes chamam botelho, assim como outras a que também chamam rabo-de-asno.
>
> E, quarta-feira seguinte pela manhã topámos aves a que chamam fura-buxos.
>
> E neste dia, às horas de véspera, houvemos vista de terra, isto é, primeiramente dum grande monte mui alto e redondo e doutras serras mais baixas ao sul dele e de terra chã, com grandes arvoredos, ao qual monte o capitão pôs nome – o Monte Pascoal – e à terra a Terra de Vera Cruz.
>
> Mandou lançar prumo. [...]
>
> E à quinta-feira, pela manhã, fizemos vela e seguimos direitos à terra, indo os navios pequenos diante por dezassete, dezasseis, quinze, catorze, treze, doze, dez e nove braças até meia légua de terra, onde todos lançámos âncoras no enfiamento da boca de um rio. [...]
>
> E dali houvemos vista de homens que andavam pela praia, cerca de sete ou oito, segundo disseram os navios pequenos, por chegarem primeiro. [...] E tanto que ele começou a ir para lá acudiram pela praia homens, quando aos dois, quando aos três, de maneira que quando o batel chegou à boca do rio eram ali dezoito ou vinte homens pardos, todos nus, sem nenhuma coisa que lhes cobrisse suas

vergonhas. Traziam arcos nas mãos e suas setas. Vinham rijos para o batel.[99]

À medida que os viajantes se aproximavam da terra descoberta, esta *foi crescendo* para eles em definição e pormenores (movimento, número, tamanho, cor, forma, modo de uso, etc). A descrição consegue um efeito verdadeiramente cinematográfico de *visibilidade*. Continuando a leitura do relato, verificamos que eles acabam por descer dos barcos, por circular na praia e por enviar observadores com os nativos. Isso, para já não mencionar o movimento dos índios relativamente àqueles. Em suma, há uma progressão do *perceptivo* ao *convivial*, imagisticamente marcada pela sucessão de planos que vão assinalando o *movimento perspectivante* até à inscrição dos viajantes no novo território, *progressão* que se duplica no processo cognoscente.

Do perceptivo ao convivial, duas imagens fundadoras dominam e *modelizam* a interpretação e a emoção desse encontro: a do Paraíso, vincada no imaginário da História coletiva (que, aliás e sintomaticamente, tendia a começar o itinerário da Humanidade no par adâmico), e a da criança, vincada no plano da vivência individual. A natureza espontânea e exuberante e a nudez do *outro* conformam um cenário encarado como semelhante ao Éden original. Daí o fascínio, o encantamento com esse *outro*, a convicção de que ele é uma versão de si perdida no tempo e ainda inocente, isento da noção de pecado e de culpa. Como a criança recém-nascida ou ainda inconsciente dos seus atos e da realidade da vida. Os afetos despertam.

Nesse *contato*, o frente a frente fez, pois, constatar as diferenças mais óbvias: o aspecto físico, o vestuário, o comportamento e a linguagem.

Avancemos, agora, para a *comunicação*, ultrapassada, de alguma forma, a barreira linguística.

....
99 Joaquim Veríssimo Serrão (pref.), Manuela Mendonça e Margarida Garcez Ventura (ests. e transcr.). *A Carta de Pero Vaz de Caminha*, Ericeira, Mar de Letras, 2000, p. 59-60.

Quando, através de tradutores, o *eu* e o *outro* conseguem comunicar, urge ao recém-chegado *apresentar-se*, pois é ele que tem de se inscrever no espaço alheio e, sendo o *estrangeiro*, é dele que esperam uma explicação.

Ora, é exatamente aí que começa a tentativa de sistematização do autoconhecimento com um objetivo pragmático. *Apresentar-se é contar-se*: a *narrativa* complementa a imagem oferecida pela presença, legenda-a, interpreta-a e emoldura-a discursivamente, configura-a com uma matriz comum, que é da história, *relacional*, dinâmica como a vida, na perspectiva do epistemólogo Gregory Bateson[100], para quem a *história* é o esquema-padrão mais básico e elementar, o que justifica ser ele o mais tradicional e arcaico, modelizando todo o fato cultural. E essa apresentação é, também, o momento em que a necessidade de autopromoção, de construção de uma imagem convincente começa a criar uma clivagem no sujeito entre o *eu-mesmo* e o *eu-outro*, descolando-os irremediavelmente e iniciando uma trajetória de progressiva e inultrapassada problematicidade.

Ocorre-me o exemplo camoneano. *Os Lusíadas* (1572) e o episódio do encontro entre Vasco da Gama e do rei de Melinde (canto III). Diante deste, o navegador *apresenta-se*, identificando-se como representante de um povo que *apresenta* através de um *discurso histórico*, sintetizando uma 'biografia' coletiva e destacando nela uma galeria de personalidades que exprimem e simbolizam as suas coordenadas e etapas fundamentais. E o efeito dessa apresentação ficcional chega-nos por dedução possível, filtrado pela perspectiva do *eu*, ficção da ficção.

Discurso *histórico*, portanto, o de Vasco da Gama. Mas consagrando a épica a transição da *cronística* para a *História*, com a conquista de distanciamento perspectivante e de 'grande angular', compreensiva e abrangente, que caracteriza a História como discurso eminentemente identitário, mudança marcada pela

---
100 *Natureza e Espírito*, Lisboa, Publicações Dom Quixote, 1987.

necessidade estratégica de construção de uma identidade coletiva, como o denunciam tantos textos que se sucedem desde os séculos XV e XVI por toda a Europa. Em Portugal, permito-me destacar, dentre muitos, autores cuja pena marcou essa 'grande angular' mitificadora, como Fernão de Oliveira (1507-1581); Frei Bernardo de Brito (1569-1617); Frei Sebastião de Paiva (1600-1659) ou o Padre António Vieira (1608-1697)[101], para só referir estes. O canto épico sistematiza e consagra uma imagem unitária, totalizadora (por isso mesmo, totalitária, absorvente, exclusivista) e, por isso, tendencialmente mitificadora.

Ao lado, na sombra, sucedem-se outros textos relegados para a periferia desse centro luminoso, como é o caso, na cultura portuguesa, da *História Trágico-Marítima* (1735-1736), de Bernardo Gomes de Brito, que reúne narrativas ("relações") de naufrágios ocorridos entre 1552 e 1602 com navios portugueses[102], relações de tragédias vividas, de perdas e lutos, face dramática de um rosto que a oculta por trauma e desejo de consagração.

Entre luz e sombra, ergue-se e desenvolve-se o diálogo entre o *canto* e o *contracanto* nacionais que atravessam a Literatura

---

101 Cf., p.ex.:
Brito, Frei Bernardo de. *Monarchia Lusytana* (partes I e II) [1597-1609], Lisboa, Tip. da Academia Real das Ciências, 1806.
Franco, José Eduardo, *O Mito de Portugal. A Primeira História de Portugal e a sua função política*, Lisboa, Fundação Maria Manuela e Vasco d'Albuquerque d'Orey/Roma Editora, 2000, [com ed. crítica de: Fernando de Oliveira. *História de Portugal*, 1580].
Mourão, José Augusto Mourão, e Franco, José Eduardo. *A Influência de Joaquim de Flora em Portugal e na Europa. Escritos de Natália Correia sobre a utopia da Idade Feminina do Espírito Santo*, Lisboa, Roma Editora, 2005.
Paiva, Frei Sebastião de. *Tratado da Quinta Monarquia* [1641] (ed. de Arnaldo Espírito Santo, José Eduardo Franco e Bruno Cardoso Reis), Lisboa, Imprensa Nacional–Casa da Moeda, 2006.
Santo, Arnaldo Espírito (ed.). *Pe António Vieira. Clavis Prophetarum. Chave dos Profetas* [v. I, p. 666-667], Lisboa, BN, 2000.
Vieira, Pe. António. *História do Futuro* [1664] (Obras Escolhidas), Livraria Sá da Costa, Lisboa, 1953. Edição eletrónica por Richard Zenker: <http://www.cce.ufsc.br/%7Enupill/literatura/futuro2.html#CLAVIS%20PROPHETARUM>.

102 A *História Trágico-Marítima* (1735-36) é uma coleção de narrativas, conhecidas por "relações", de naufrágios ocorridos entre 1552 e 1602 com navios portugueses. Estas "relações" eram normalmente publicadas em folhetos após os naufrágios por seus sobreviventes ou por contemporâneos destes. No século XVIII, Bernardo Gomes de Brito reuniu em dois volumes essas relações e, segundo Diogo Barbosa Machado, teria prontos para impressão mais três volumes, que não chegou a publicar.

e a Cultura Portuguesa, às vezes, dissimulados sob o travestimento da elaboração ficcional, como acontece com as *Viagens na Minha Terra* (1946), de Almeida Garrett, em que a novela sentimental de Joaninha e Carlos codifica emblematicamente, através da evocação de diferentes linhagens estéticas e da elaboração retórica do paralelismo, do símbolo, da sinédoque e da miniaturização, a história de uma sobrevivência nacional enlutada por Alcácer-Quibir, o crepúsculo de um povo que desejou dominar o mundo[103]. *Canto* e *contracanto* confluem em alguns textos contemporâneos, com especial destaque para a *Mensagem* (1945) (que Fernando Pessoa intitulou primeiro e muito significativamente *Portugal*), cuja espectralidade talvez resulte, em parte, da amplificação agónica da distância entre o *eu-mesmo* e o *eu-outro*, luz e sombra, imagens descoladas em fuga uma da outra, mas sempre presas pelo magnetismo identitário.

Cada um de vós terá, a este respeito, uma experiência e uma informação riquíssima a transmitir. Semelhante e diferente. Nisso, repetimos aqui, na atualidade e nesta Conferência, ao nosso modo, essa velha experiência de contato e apresentacional, essa longa reflexão identitária.

Neste enquadramento, a cartografia identitária poderá seguir uma trajetória semelhante. Mas deverá o *traço* progredir em função dos olhares em confronto, *delineado* pela convergência de ambas as perspectivas em contato. À semelhança do que acontece com a própria *imagem perceptiva*, que conjuga e sintetiza a dupla imagem visual que os olhos garantem, conjugando-a com a informação chegada através de outros sentidos, mas, também, com informação mnésica, que a informa interpretativamente.

Em primeiro lugar, as origens. Onde, como e relativamente a quem se criou a *nação*, essa imagem política na geografia

---
[103] Sobre a minha reflexão a propósito deste tema, remeto, p.ex., para o ensaio "Joaninha Adormecida: um quadro habitado de memórias" que incluí no meu livro *Emergências Estéticas*, ed. cit., p. 13-28 e para o prefácio à edição de *Frei Luís de Sousa*, de Almeida Garrett (Porto, Edições Caixotim, 2004, p. 7-19), incluído no meu livro *No Fundo dos Espelhos. Em Visita*, ed. cit., p. 21-33.

territorial? O que é que ditou o traçado das fronteiras políticas? Circunstâncias geográficas de isolamento? Circunstâncias mais especificamente humanas, culturais (diferenças linguísticas, étnicas, etc), ou económicas, ou…? E como reagiram a essa emergência política as nações congéneres e vizinhas?

Mas também, e por outro lado: como foram sendo perspectivados pelos outros, de fato, esses fenómenos e aspectos?

Em segundo lugar, a imagem física, geográfica e humana. A *corporalidade* política manteve-se sem grandes alterações? Se houve mudanças territoriais, com a consequente deslocação de fronteiras, como aconteceram elas e como foram encaradas? Foram bruscas ou lentas, impostas ou desejadas, naturais ou artificiais, notórias ou pequenas, etc? Foram acompanhadas de mudanças na própria fisionomia étnica das populações? Se não houve mudança territorial, houve, contrastivamente, alterações populacionais (por movimento migratório)? Em suma, a mudança *corporal* foi psicologicamente interiorizada, assimilada e aceite, ou não?

E, da mesma forma: como foram sendo perspectivados pelos *outros*, de fato, esses fenómenos e aspectos?

Cabe aqui, ainda, um *item* importante e complexo: no caso dos países que se expandiram para além dos seus limites europeus, além-mar, como viveram nos territórios longínquos a experiência da sua assimilação e como é que os habitantes desses territórios os encararam e foram encarando ao longo do tempo? É uma dupla história a ponderar na sua complementaridade.

No caso português, apesar de me faltar a informação sobre a perspectiva do *outro*, do que nos viu chegar e permanecer, não resisto à evocação desse fenómeno no Brasil. Do seu "achamento" tal como foi documentado por Pêro Vaz de Caminha (1585) até à sua descrição pelo Padre Fernão Cardim nos seus *Tratados da Terra* e *Gente do Brasil* (1585-90)[104], que nele longamente viveu, cumpre-se cerca de um século, tempo, também, de uma progressiva experiência no interior territorial. Se tomarmos esse *corpus* textual como indicador de uma trajetória histórica e cultural dos portugueses no Brasil, da chegada e experiência de breve permanência no litoral até à vivência no interior, apetece observar as metamorfoses do *olhar* do viajante e da imagem do Brasil nele refletido.

Ao longo do tempo, da chegada à permanência, o deslumbramento pelo encontro do *outro* encarado como nova versão do arquétipo bíblico do Paraíso, Adão ainda sem pecado, cede à experiência traumática dos perigos escondidos e enfrentados (a 'peçonha', as febres, o canibalismo), encarados com surpresa e horror como manifestações do *mal* e sinal do pecado, e, por fim, ao desejo e programa de transformação do território percorrido em "novo Portugal" habitado (se a toponímia é disso expressiva, as descrições da organização comunitária, da decoração, etc, afirmam inequivocamente a modelização do outro em função do *eu*, da imagem original que se quer como que 'transplantada' para *lá*).[105]

Depoimentos contemporâneos do *outro* brasileiro completariam, aqui, uma perspectivação das simetrias e assimetrias da relação.

Entre os dois extremos da Europa, a Península Ibérica e a Europa Oriental, multiplicam-se os depoimentos de viajantes, desde os que observaram em trânsito aos que permaneceram algum tempo nos locais. No segundo caso, destacam-se os diplomatas cujo discurso informado se molda em visões estratégicas relevando de programas políticos, como veremos numa

---

104 Utilizei a obra onde estes textos estão reunidos: Fernão Cardim. *Tratados da Terra e Gentes do Brasil*, Lisboa, Comissão Nacional para as Comemorações dos Descobrimentos Portugueses, 1997. Por comodidade, daqui em diante nesta seção do trabalho, darei as referências bibliográficas das citações no corpo do texto, recorrendo apenas às iniciais dos autores e à sua localização.

105 Cf. o que digo sobre isto, no último ensaio meu livro *No Fundo dos Espelhos. Em Visita*, ed. cit., especialmente p. 291-297.

das comunicações desta Conferência: Lucian Blaga (filósofo e poeta), Mihai Zamfir ou Gabriel Gafita (críticos e escritores), Theodor Baconsky (teólogo e ensaísta), por exemplo. É um passado que se confronta com a experiência da atual imigração da Europa de Leste na Península Ibérica, formando um *puzzle* complexo e um quotidiano difícil, por vezes, marcado pela dor e tragédia, como a Arte, em geral, e a Literatura, em particular, perscrutam já, como acontece, p.ex., em *A sopa* (Porto, 2004), de Filomena Marona Beja, e em *Ucrania* (Barcelona, 2006) de Pablo Aranda, tema de outra comunicação. E não esqueçamos a perspectivação à distância, como a que uma revista cultural e de raiz jesuítica (a *Brotéria*) desenvolve relativamente aos países eslavos e à URSS em Portugal desde o início do século XX, ou como a que, antes, autores de ambos os lados foram fazendo (Pushkin ou Potocky e Richard Ford, George Borrow, Prosper Merimée and Theophile Gautier, dentre outros), questão abordada por outra comunicação ainda. Nem esqueçamos a visão pictoricamente configurada, como a que devemos às aquarelas da década de 40 oitocentista da autoria de dois polacos em Portugal: o conde Raczyński, embaixador da Prússia em Lisboa (1842-1848), e Napoleon Orda, pintor e compositor polaco.

Em terceiro lugar (sequência artificial, pois o que se segue também atravessa muitos dos casos antes enunciados), a imagem 'mental' e as suas metamorfoses. Começando pela língua: sua, ou também usada por outros (nesse caso, de modo diverso ou à sua semelhança?), ou a de outros, estrategicamente assumida (como, para quê e até que ponto?). Confrontando gramáticas, modos de sistematizar essas imagens identitárias por excelência, os idiomas, cujas diferenças tantas vezes abissais parecem atenuar--se pelas semelhanças de 'regulamentação', como sugerirá outra comunicação ainda. Avançando pelo movimento das ideias, pela história das mentalidades e pela mitificação de cada um pelo outro ou de certos acontecimentos históricos desse outro (assunto de outras comunicações): qual o sentido dessa evolução e qual a relação entre os diferentes momentos dela, quais os seus catalisadores (endógenos ou exógenos)? E confrontando-nos com a imagem que de *nós* temos no presente, configurada a partir de outras: o conhecimento do real vivido, o que os *mass media* nos oferecem e o que os nossos governantes de nós desenham.

Por fim, enfrentando a *imagem* que os outros nos devolvem de *nós*, espelho fragmentado na multiplicada origem e diversidade, espelho metamórfico e sujeito às condicionantes também em alteração.

Também aqui interessaria ver de que modo tudo isto foi e vai sendo perspectivado pelos *outros*, vizinhança expandida à escala mundial pela globalização que nos faz contatar mundialmente em tempo real.

E ainda há que atentar nas imagens que de *si próprios* e dos *progenitores diferentes* têm esses filhos da miscigenação cultural que são o 'misto' (descendente direto) e o 'mestiço' (descendente mais mediato), que mantêm irremediável e dramática clivagem com a ascendência e com os modelos que a dominaram e identificam. Imagens geradas noutras que de outras, ainda, resultam, num vórtice insondável...

É todo um plano de trabalho para anos e equipas de investigação. Análise de ambos os lados do espelho, do espaço que lhe é interior e das transformações neles ocorridas, ponderados os sentidos dessas mudanças, o paralelismo e as assimetrias destas, e as razões que lhes estão na origem diacronicamente consideradas.

Permitam-me, pois, que, lhe passe ao largo remetendo para as outras comunicações, mas também, no meu caso pessoal, para outros lugares a partilha convosco de reflexões sobre estes assuntos, destacando alguns aspectos mais problemáticos. Os exemplos a que eu mesma me referi são notas especificamente sobre o caso português, potenciando as inevitáveis comparações, os jogos de espelhos e de imagens com que vamos procurando conhecer-nos melhor, a nós e aos outros.[106] O *outro*, nessas ocasiões, fomos nós e fui *eu* enquanto ensaístas que observamos a comunidade de que fazemos parte, numa clivagem algo esquizoide que experimentamos em reflexões análogas, a conjugar esta perspectivação com a do *outro* de fato, preferentemente plural, validando o traço cartográfico no confronto informativo. Mas talvez este nosso encontro contribua valiosamente para o efeito...

---

106 Cf. alguns textos em que já tive ocasião de refletir sobre diferentes aspectos da problemática identitária e que publiquei na primeira parte do meu livro *Breves & Longas no País das Maravilhas* (ed. cit.).

3.2. Reconfigurações da Europa na Cultura Portuguesa do Romantismo ao início do século XX[107]

Não é minha intenção, aqui, observar como a *inteligenzia* portuguesa foi encarando a Europa desde meados do século XIX até ao início do século XX. Deixo essa tarefa aos especialistas da cultura e da filosofia portuguesas[108].

Interessa-me, isso sim, partilhar convosco algumas observações sobre o modo como a Europa foi sendo *reconfigurada* nos textos de alguns escritores portugueses mais destacados, da ficção à poesia e ao ensaio (Almeida Garrett, Eça de Queirós, Cesário Verde, António Nobre, Fernando Pessoa, Sebastião de Magalhães Lima).

Neles, a Europa é, acima de tudo, uma *unidade cultural* assente na diversidade política, geográfica e social circunscrita pelos oceanos que a História foi transformando a partir dos seus dois maiores mapas políticos de vocação imperial e globalizante: o romano e o carolíngio. *Construção cultural*, portanto, e dominada pela preocupação de *"cultivar a cultura"*, na feliz expressão de Zygmunt Bauman[109], constituindo-se, assim, como produtora de Arte e de Ciência, e desenvolvendo sobre elas e as suas condicionantes *inquieta* e *suspeitosa* reflexão.

Um dos aspectos salientes dessa *figuração* é a relação íntima, natural, porque geográfica, de Portugal e da Europa. Esta surge sempre como referência maior de Portugal: nela se situa a sua origem e matriz cultural; nela estão os seus homólogos políticos

---

107 Comunicação apresentada no Congresso Internacional "Ideias de/para Europa" / International Congress "Ideas of/for Europe", Chemnitz, 6-8 de Maio de 2009.

108 Um excelente contributo para a entrada nessa questão são as obras antológicas organizadas e prefaciadas por Pedro Calafate *Portugal como Problema* (v. III e IV, em especial), Lisboa, Público/Fundação Luso-Americana, 2006.

109 *Europa: Uma aventura inacabada*, Rio de Janeiro, Jorge Zahar Editor, 2006, p. 16.

e os seus *modelos* culturais e civilizacionais. *Mátria* e *frátria*. Porém, a periferia geográfica consagra também uma diferença cultural desse *magna*: a influência árabe que partilha com o seu mais próximo, Espanha. Com este vizinho, a convivência será sempre intranquila, perturbada pela apreensão pela sua independência na península partilhada. Dos outros, destaca Inglaterra e França, com os quais vai mantendo relações oscilantes, alternando na preferência entre um e outro. Depois, pela importância da Igreja Católica a que acrescenta o reconhecimento das origens culturais e da vitalidade modelar da sua Arte, a Itália. Ao longe, todos os outros, com maior ou menor presença.

E esse será o segundo aspecto a sublinhar na diversidade de configurações da Europa nos textos dos autores portugueses mais canônicos da literatura oitocentista (Garrett, Eça de Queirós, Cesário Verde, etc): uma espécie de meduseamento dos contornos e das fronteiras da Europa. Explico-me. Na literatura portuguesa oitocentista, até ao início do século XX, a "Europa" tende a fazer-se representar pelos palcos europeus mais importantes do *Grand Tour* europeu que a *inteligenzia* percorria e que, dentre outros, Jean Gailhard distingue no seu *Compleat Gentleman* (1678): em especial, as sinédoques nacionalmente mais expressivas, como é o caso de Londres, Paris e uma Itália *dividida* entre Roma, Florença, Turim e Veneza. Lugares marcantes do imaginário europeu: fascinantes pelas insígnias da civilização e da cultura, da Arte e da Ciência, museus vivos e salões brilhantes de elegância e cosmopolitismo. Lugares, também, ciclicamente atravessados por crises com repercussões para além-fronteiras, nisso se irmanando, como dizia Eça de Queirós:

> A "crise" é a condição quase regular da Europa. E raro se tem apresentado o momento em que um homem, derramando os olhos em redor, não julgue ver a máquina a desconjuntar-se, e tudo perecendo, mesmo o que é imperecível – a virtude e o espírito.[110]

....
110   Queirós, Eça de. "A Europa". In: *O Repórter*, n.º 79 (20 mar.), Lisboa 1888, p. [1]. BN J. 577 G.

Tudo o mais (países, lugares, obras, fatos e personalidades) tende à discrição, sombreado pelo desinteresse apenas interrompido por acontecimentos ou referências mais notórias.

Folheemos, pois, alguns desses autores portugueses e constataremos, também, que a Europa arrasta sempre consigo o questionamento da situação de Portugal nela. Situação definida por uma coordenada fixa, a da presença geográfica e política, articulada com outras duas em mutação e tendendo a acompanhar-se num movimento de declínio: a cultural e a econômica. Essa assimetria, que instabiliza e torna discutível o estatuto de Portugal como *sinédoque* da Europa que o integra, desenvolve-se informada por um imaginário coletivo que lhe tece a identidade de utopia messiânica e imperial, imaginário vocalizado em consonância pelas vozes populares (Bandarra, p.ex.) e eruditas (Pe. António Vieira, p.ex.), cuja pregnância o faz emergir em momentos de *crise* sociopolítica.

Vejamos Almeida Garrett, na liderança do Romantismo da primeira geração, interventiva, apolínea, militante.

Garrett exprime assumidamente esse questionamento num estudo cujo título o consagra de forma emblemática. *Portugal na Balança da Europa* (1830). Nele, sintetiza a situação: "Portugal foi rico e poderoso; a má administração o deixou mais pobre e mais fraco do que nenhuma outra potência da Europa".[111]

E esclarece o problema nela assente:

> Portugal tem um único fim e objecto, sem o qual estar conseguido, jamais se aquietará por tempo considerável; é o *ser livre*. Em outras nações esta vontade nasce do desejo de melhoramentos, da grande ilustração de suas classes, do só poder da civilização; em Portugal, além dessas causas, há a necessidade absoluta, forçosa, invencível, a que nenhum poder humano há-de obstar, que os exércitos e as armadas, e os tratados e as convenções dos gabinetes

---
111 *Portugal na Balança da Europa*, Lisboa, Livros Horizonte, 2005, p. 120.

podem conter algum tempo, mas não poderão estavelmente e firmemente contrastar. [...] Enquanto seu poder se estendia aos quatro ângulos da Terra, – enquanto de todas essas imensas, e que pareciam inexauríveis, fontes de riqueza lhe vinham torrentes de cabedal, que, se não davam sólida nutrição, aumentavam todavia, posto que transitoriamente, suas forças; com elas supria a falta da liberdade (com que só uma nação pode ser deveras independente), e substituía os limites naturais que a Natureza lhe deu, e que judiciosa arte não soube criar de outro modo mais sólido e permanente.

Mas hoje que tudo isso acabou, que Portugal perdeu tudo o que lhe dava e garantia sua efémera independência, – ou há-de [...] criar novas bases de independência, novos limites e estremas em suas fronteiras tão rasas; ou mau grado de suas afeições e desafeições, de seu orgulho, aliás nobre, de suas tradições gloriosas, irá unir-se como província à mesma potência cujo mais teimoso e irreconciliável inimigo foi enquanto Estado independente.[112]

Essa inquietação informa a obra garrettiana e reflete-se, de forma mais ou menos subtil, nas dos outros autores que pretendo passar em revista. Por um lado, Garrett elege como temas preferenciais situações de *crise* da História de Portugal, alturas em que a identidade e/ou a independência, intimamente relacionadas, estiveram em causa e obrigaram a coletividade a tomar posição, a agir. Por outro lado, teme a redução da distância entre Portugal e essa Europa a que pertence, como se observa nas *Viagens na Minha Terra* (1846), em que o protagonista (Carlos), regressando com as insígnias da Europa, nelas representa também a guerra e a civilização corruptora do "bom selvagem" e o divide sentimentalmente. Com ele morre a representação de um Portugal coeso, telúrico, tradicional (Joaninha) e instaura-se uma nova ordem (a dos barões), decadente nos seus valores e na sua vivência, responsável pelo deslizar de Portugal no eixo econômico e social até ao extremo de se interrogar sobre a sua sobrevivência. Esta imagem contrasta fortemente com a que Garrett apresenta em *Portugal na*

----

112   Idem, p. 120-121.

Balança da Europa: a de uma Europa anterior, com as suas fronteiras definidas por Portugal e a Rússia, dois estados "gigantes", pilares culturais e políticos, extremos geográficos. E Garrett considerará que o seu tempo será também a altura de Portugal tentar reconquistar o seu lugar na Europa.

A clivagem entre Portugal e a Europa atravessará a reflexão e a efabulação portuguesas, mas assistiremos a oscilações na relação de papéis entre ambos, oscilações que fazem de Portugal uma espécie de Alice no país das maravilhas, observando-se ao espelho e estranhando-se nele.

Realista, Eça de Queirós (1845-1900) mostra um país dividido entre a cidade e o campo (*Civilização*, 1892; *A Cidade e as Serras*, 1901) e contrapõe a primeira realidade, dos grupos sociais mais privilegiados, à de uma Europa representada pelos brilhantes centros civilizacionais com a paisagem englobante em pano de fundo. Nesse contraponto, a Europa ganha e constitui-se como modelo ou referência desejada e desejável.

Com Cesário Verde, essa Europa iluminada pela civilização continua a fascinar. Em "O Sentimento dum Ocidental", poema maior onde a identidade nacional proclama a sua ocidentalidade, a Europa é evocada através dos principais palcos de decisão política, econômica e cultural:

> Batem carros de aluguer, ao fundo,
> Levando à via-férrea os que se vão. Felizes!
> Ocorrem-me em revista, exposições, países:
> Madrid, Paris, Berlim, S. Petersburgo, o mundo!
>
> **("Ave-Maria")**

Mas a Europa também é já origem de ameaça à integridade nacional, ameaça simbolizada no "couraçado inglês" nas águas de Lisboa, presente contrastando com o poderio de outrora, o passado glorioso:

E evoco, então, as crónicas navais:
Mouros, baixéis, heróis, tudo ressuscitado!
Luta Camões no Sul, salvando um livro a nado!
Singram soberbas naus que eu não verei jamais!

E o fim da tarde inspira-me; e incomoda!
De um couraçado inglês vogam os escaleres;
E em terra num tinir de louças e talheres
Flamejam, ao jantar, alguns hotéis da moda.

("Ave-Maria")

No fim de século, Portugal declina e parece ter parado no tempo, não acompanhando o desenvolvimento da Europa e perdendo-se dela. Vive uma história de perda já assinalada por Garrett e que António Nobre efabulará poeticamente em primeira pessoa discursiva e simbólica, indicando através dela a fuga da *inteligenzia* nacional para Paris em "Lusitânia no Bairro Latino" (1891-92):

Menino e moço, tive uma Torre de leite,
Torre sem par!
Oliveiras que davam azeite...
Um dia, os castelos caíram do Ar!

As oliveiras secaram,
Morreram as vacas, perdi as ovelhas,
Saíram-me os Ladrões, só me deixaram
As velas do moinho... mas rotas e velhas!

Que triste fado!
Antes fosse aleijadinho,
Antes doido, antes cego...

Ai do Lusíada, coitado!

Veio da terra, mailo seu moinho:

Lá, faziam-no andar as águas do Mondego,
Hoje, fazem-no andar águas do Sena...
É negra a sua farinha!
Orai por ele! tende pena!
Pobre Moleiro da Saudade...

Essa cristalização por *desaceleração* justificará que António Nobre, p.ex., o mostre no poema "Lusitânia no Bairro Latino (1891-92) em díptico estético e museológico, clivado entre o "país de Marinheiros" e o "de romarias e procissões", constituindo Portugal numa espécie de *observatório* de um passado coletivo sobrevivente no recanto peninsular, paisagem ainda na memória de certa Europa:

> Georges! anda ver meu país de Marinheiros,
> O meu país das naus, de esquadras e de frotas!
>
> Georges! anda ver meu país de romarias
> E procissões!

A ameaça vinda da Europa admirada e fascinante, pressentida desde Garrett e simbolizada por Cesário acabará por se impor com o *"Ultimatum"* inglês (1890) que conduz a uma verdadeira convulsão emocional onde as vozes contra a Inglaterra, em particular, e, em certos momentos, até contra a Europa, em geral, se elevam com violência. Guerra Junqueiro é um dos poetas exemplares dessa vocalização nacional revoltada. No poema dedicado "À Inglaterra" em *Finis Patriae* (1890), interpela-a com violência:

> Ó cínica Inglaterra, ó bêbeda impudente,
> Que tens levado, tu, ao negro e à escravidão?
> Chitas e hipocrisia, evangelho e aguardente,
> Repartindo por todo o escuro continente
> A mortalha de Cristo em tangas d'algodão.
>
> Vendes o amor ao metro e a caridade às jardas,
> E trocas o teu Deus a borracha e marfim,
> Reduzindo-lhe o lenho a c'ronhas d'espingardas,
> Convertendo-lhe o sangue em pólvora e bombardas,
> Transformando-lhe o sangue em aguarrás e em gim!

Destaca-a dos outros países europeus, cartografando o *puzzle* político:

> Quando já se desenha em arco d'aliança
> A porta triunfal do século que vem,
> Por onde dez nações marchando atrás da França,
> Palmas na mão, cantando um cântico d'espr'ança
> Hão-de entrar numa nova, ideal Jerusalém;

E essa diferença, segundo Junqueiro, justificar-lhe-ia mesmo a previsão de um futuro ataque dos seus homólogos:

> Hão-de um dia as nações, como hienas dementes,
> Teu império rasgar em feroz convulsão...
> E no torvo halali, dando saltos ardentes,
> Com a baba da raiva esfervendo entre os dentes,
> A bramir, levará cada qual o seu quinhão!
>
> E tu ficarás só na tua ilha normanda
> Com teus barões feudais e teus mendigos nus:
> Devorará teu peito um cancro aceso, a Irlanda,
> E a tua carne hás-de vê-la, ó meretriz nefanda,
> Lodo amassado em sangue, oiro amassado em pus!

Antero de Quental e outros oscilaram entre uma visão da decadência nacional e o desejo de assumirem o desafio de alterarem o *status quo*.

Mais tarde, do final de século à primeira guerra mundial, essa revolta coletiva conduzirá à reativação, em certos núcleos culturais, do imaginário utópico que atravessa e informa a cultura portuguesa.

Será o tempo do Saudosismo de um Teixeira de Pascoaes e da revista *A Águia – Órgão da Renascença Portuguesa*, publicado no Porto de 1910 a 1932.

Será o tempo de um Sebastião de Magalhães Lima, que, nas suas *Páginas da Guerra* (1917), antecipará a contemporaneidade e revisitará a utopia. Nos ensaios sob o título *Terras Santas da Liberdade: França Imortal, Portugal Heróico*[113], destaca a passagem do testemunho do passado (Roma & a *latinidade*) para o centro da sua contemporaneidade (França) e o eixo potencialmente federalista Portugal-Brasil (Europa-Américas), fazendo emergir dessa conjugação a ligação estratégica entre França e Portugal que, do seu ponto de vista, liderará o "mundo civilizado", afrontará a

---

113 Lima, Magalhães. *Terras Santas da Liberdade: França Imortal, Portugal Heróico*, Lisboa, Sociedade Typographica Editora, 1917.

guerra e, através dele, o "mundo inteiro", na altura, já anunciado na Sociedade das Nações, acabando todos unidos numa *União Sagrada* e universal sob a liderança portuguesa.

Será, depois, a revisão e releitura da mitologia nacional e do seu canto maior *Os Lusíadas* (1572), de Camões, na *Mensagem* (1934), de Fernando Pessoa. Neste, Portugal, outrora

> quase cume da cabeça
> De Europa toda, [...]
> Onde a terra se acaba e o mar começa,
> E onde Febo repousa no Oceano.

(canto III),

torna-se o "rosto" de uma Europa jazente que

> Fita, com olhar'sfíngico e fatal,
> O Ocidente, futuro do passado.

("O dos Castelos")

e que, por fim, acordará ao som de um grito emanado do nevoeiro português:

> É a hora!

("Nevoeiro")

De Garrett a Pessoa, recordei alguns pontos luminosos da trajetória das letras portuguesas, perscrutando imagens mais óbvias e destacadas da Europa.

Nelas, assinalei uma diferente clivagem entre o *sujeito* que nela se pensa, Portugal, e a Europa que, integrando-o, também começa a *estranhecer*: a deriva começa nessa *fratura* que a decadência portuguesa promove, distanciando-o progressivamente do ritmo e pulsar europeus a ponto de Portugal se constituir como museu vivo de um *modus vivendi* tradicional. O fascínio pela *identidade-alteridade* europeia mescla-se de crescente receio face ao gigantismo daquela e ao seu poder até ao momento de uma crise que convulsiona o país e o reergue, bebendo na saudade e anelando a utopia.

Portugal reconfigura a Europa como seu espelho progressivamente ampliado e invertido: cada vez mais poderosa e fascinante, cada vez mais inacessível e distante, subitamente ameaçadora, às vezes e por períodos, identificando-se com ela. Como Alice no País das Maravilhas ou Gulliver entre liliputianos e, depois, entre gigantes...

3.3. Jardins da Literatura[114]

No princípio, havia a Natureza. Depois, nela, surgiu o Homem.

Assim rezam os velhos mitos que nos narram o início da História...

Mas, no princípio, era também o *Verbo*. E o *verbo* procurou criar os seus próprios jardins...

Nessa criação, em geral, declinava-se o original mítico, arquetípico, da Idade do Ouro, onde o tempo se absolutizava fundindo as estações numa só, deleitosa.[115]

··················
114 Comunicação apresentada na Conferência Internacional/ International Conference "Os Jardins do Mundo: Discursos e Práticas" / "The World Gardens: Discourses and Practices"; Site: <http://www.congressojardinsdomundo-madeira.net/index.html>, Funchal, 9-12 de Maio de 2007.

115 "1 Foram assim terminados os céus e a terra, com todo o seu conjunto. 2 Concluída, no sétimo dia, toda a obra que tinha feito, Deus repousou, no sétimo dia, de toda a obra que fizera. 3 Deus abençoou o sétimo dia, e santificou-o, visto ter sido nesse dia que Ele repousou de toda a obra da criação. 4 Esta é a origem da criação dos céus e da Terra. Quando o Senhor Deus fez a Terra e os céus, 5 e ainda não havia arbusto algum pelos campos, nem sequer uma planta germinara ainda, porque o Senhor Deus não tinha feito chover sobre a terra, e não havia homem para a cultivar, 6 da terra brotava uma nascente que regava toda a superfície, 7 então o Senhor Deus formou o homem do pó da terra, e insuflou-lhe pelas narinas o sopro da vida, e o homem transformou-se num ser vivo. 8 Depois, o Senhor Deus plantou um jardim no Éden, ao oriente, e nele colocou o homem que tinha formado. 9 O Senhor Deus fez brotar da terra toda a espécie de árvores agradáveis à vista e de saborosos frutos para comer; a árvore da vida estava bem no meio do jardim, assim como a árvore do conhecimento do bem e do mal. 10 Um rio nascia no Éden e a regar o jardim, dividindo-se, a seguir, em quatro braços. 11 O nome do primeiro é Pichon: rio que rodeia toda a terra de Havilá, onde se encontra ouro; 12 ouro puro, sem misturas, e também se encontra lá bdélio, eónix. 13 O nome do segundo rio é Guion, o qual rodeia toda a terra de Cuche. 14 O nome do terceiro é Tigre, e corre pelo oriente da Assíria. O quarto rio é o Eufrates. 15 O Senhor Deus levou o homem, e colocou-o no jardim do Éden para o cultivar e, também, para o guardar. 16 E o Senhor Deus deu esta ordem ao homem: "Podes comer o fruto de todas as árvores do jardim; 17 mas não comas o da árvore do conhecimento do bem e do mal, porque, no dia em que dela comeres, certamente morrerás". 18 O Senhor Deus disse: "Não é conveniente que o homem esteja só; vou dar-lhe uma auxiliar semelhante a ele". 19 Então, o Senhor Deus, após ter formado da terra todos os animais dos campos e todas as aves do céu, conduziu-os até junto do homem, para que todos os seres vivos fossem conhecidos pelos nomes que o homem lhes desse. 20 O homem designou com nomes todos os animais domésticos, todas as aves dos céus e todos os animais ferozes; contudo, não encontrou uma auxiliar semelhante a ele. 21 Então, o Senhor Deus fez cair sobre o homem um sono profundo, e tirou-lhe uma das suas costelas, cujo lugar

Se, com a História, o Jardim arquetípico, mítico, se seculariza e se *topicaliza* no clássico e profano *locus amoenus*[116], com o *verbo*, este tenderá a concretizar-se de acordo com as oscilações do gosto e das sensibilidades, os códigos estéticos e epocais: medievais, renascentistas, barrocos, maneiristas, românticos, etc, mas também os orientais e os ocidentais e, destes, os ingleses, franceses, americanos, etc. Na sua gênese, pressente-se a clivagem emocional entre passado e futuro individuais e/ou coletivos: a nostalgia do Paraíso perdido e a esperança de outro(s).

Neles, a humanidade conserva as funções que lhe foram conferidas na mitologia bíblica, mas radicaliza-as: "lavrar" e "guardar" cedem à ação de construir de raiz e a deixar que a *natureza* siga o seu curso livremente. E a história dos *jardins* parece dividir-se em função do relacionamento do *homem* com a *natureza*, essa velha dicotomia: entre o *homem* rendido à *natureza* e o que a transforma. No primeiro caso, o *jardim* gera-se no desejo de *expressão da totalidade*, da universalidade e da *natureza* genuína, espontânea, caldeado no respeito e na interrogação da sua lógica e das forças que nela se confrontam e combinam. O que tende a projetá-lo em direção ao *símbolo*. É *apresentacional*. No segundo caso, o *jardim* resulta da ambição humana de *domesticar* essa *natureza* imensa e indomável, ilimitada, englobante, de a afeiçoar a si, à sua volta, regida por si. O que o familiariza com o *exemplo*. É *acumulativo* e *expositivo*.

Dir-se-ia, à primeira vista, que essa distinção corresponde à que separa Oriente e Ocidente na *elaboração* dos seus *jardins*.

----

preencheu de carne. 22 Da costela que retirara do homem, o Senhor Deus fez a mulher e conduziu-a até ao homem. 23 Então, o homem exclamou: "Esta é, realmente, osso dos meus ossos, e carne da minha carne. Chamar-se-á mulher, visto ter sido tirada do homem! 24 Por esse motivo, o homem deixará o pai e a mãe, para se unir à sua mulher; e os dois serão uma só carne. 25 Estavam ambos nus, tanto o homem como a mulher, mas não sentiam vergonha". (Gén-2) (*Nova Bíblia dos Capuchinhos*, Lisboa/Fátima, Difusora Bíblica, 1999, p. 26-27).

116 Na definição de Curtius, era "uma bela e sombreada nesga da Natureza", cujos "elementos essenciais são uma árvore (ou várias), uma campina e uma fonte ou regato", admitindo-se, "a título de variante, o canto dos pássaros, umas flores e, quando muito, o sopro da brisa" (*Literatura Européia e Idade Média Latina*. São Paulo, Hucitec/Edusp, 1996, p. 254.).

Mas une-os o fato de serem *representação* da natureza ou, em fase de abandono, de serem fragmentos dela na sua espontaneidade. Portanto, Cultura, e Arte, mas mais efêmera, exigindo preservação diária. A *sinédoque* e o trabalho de *composição* e o valor da *harmonia* e *equilíbrio* aproximam-nos e promovem o seu encontro nos fascinantes *jardins de água*, p.ex., como o consagra Monet. E a aspiração à *totalidade representativa* irmana-os também, mesmo divergindo na sua expressão: os orientais, reduzidos à *elementalidade* mais despojada; os ocidentais, inscrevendo-se na tradição colecionista e museológica que nos oferece realizações como o *studiolo* humanista ou o fascinante Gabinete de Curiosidades e Maravilhas da Renascença. O próprio *simbolismo* pode aproximá-los, apesar da diferença irredutível do seu sentido: os orientais, exibindo o universal e os ocidentais codificando o acesso a ele (caso do maçônico da Quinta da Regaleira, em Sintra, ou de Bomarzo, o "bosque sagrado" de Itália).

Os *jardins* constituem, pois, matéria extremamente plástica e metamórfica, informada da nossa mais pregnante mitologia coletiva e conformada por ela, dotados de uma História rica que atravessa e pontua a do *homem* que lhe está na origem.

Perscrutar essa História é abrir uma autêntica *caixa* mais recheada e dotada de heterogeneidade do que a de Pandora, mas onde cada objeto representa e configura um ideal de *perfeição* que funde *natureza* e *arte*.

É recuar aos velhos mitos onde os jardins, espontâneos, florescem nos lugares sagrados que a Arte consagra, tendendo a aproximá-los de outros de que estão ausentes: Éden, Paraíso, Ilhas Afortunadas, Ilhas dos Amores, Avalon, Himalaia, Fujiyama, Hespérides, Olimpo, Campos Elísios, Parnaso, Arcádia, etc. Ou caminhar em direção aos Paraísos Perdidos, como a Atlântida (Platão). Ou a locais lendários: Ilha de S. Brandão, Cocrane, etc. Ou revisitar locais plenos de mistério como Machu Pichu, etc. Mas também é encarar cenários de dor e tragédia, como esse bíblico Jardim das Oliveiras.

É, também, percorrer a História e a História da Arte. Desde as Maravilhas do Mundo Antigo (os Jardins Suspensos da Babilónia) até ao seu itinerário, da Antiguidade Clássica à Idade Média, ao Renascimento, Barroco, Romantismo, Impressionismo, etc. Ou os obtidos por alucinogêneos no *fim de século* oitocentista. Ou viajar na geografia: do Ocidente ao Oriente, dos *jardins* europeus (ingleses, franceses, mediterrânicos, etc) aos chineses, japoneses, mongóis, iranianos, etc. E fazê-lo é renovar em nós o *olhar maravilhado* dos viajantes de outrora na descoberta territorial, olhar vertido em narrativa e descrição: a terra aproximando-se e apresentando-lhe um novo mundo renovando o *Paraíso Perdido*... ilhas ou continentes.

É oscilar entre real e imaginário, visão, visualização e memória: os jardins secretos da infância, da adolescência, os das fadas, duendes e elfos, os jardins do amor, cenário de encontros e evocação de uma Idade Dourada individual ou coletiva, etc. Oscilar, ainda, entre luz e sombra, dia e noite, prazer e sofrimento (os jardins da Agonia de Cristo e dos que o imitam). E é perscrutar a paleta simbólica: desde os que codificam o amor, em jeito de mapa do Pays du Tendre, aos que codificam a existência e o trajeto do conhecimento, esotéricos, alquímicos, maçônicos, etc.

É sentir a sua hipertrofia desde os arquetípicos *jardins fechados*, protegidos da exterioridade ameaçadora, até ao modo como se expande territorialmente, acabando por, perdidos os 'muros', se confundir com a própria natureza selvagem, se fazer *paisagem* ou se perder nela: os vales, os bosques e as florestas, no interior a perder de vista, mas também *beirando* o mar, as lagoas, os rios. Se os primeiros chegam a simbolizar as identidades nacionais e o eterno feminino (consagrado no *Cântico dos Cânticos*), os segundos deslizam para o abraço compreensivo do universo.

Fecho, por enquanto, a caixa de Pandora que espreitei.

Poderia percorrer alguns itinerários pelo território da Literatura e assinalar alguns deles de mais marcante presença. Desde a Antiguidade (com Plínio, o Novo, Ovídio, Hesíodo, Homero, Virgílio ou Sapho), passando por Chrétien de Troyes, Guillaume de Lorris e Jean de Meun, Dante, Boccacio, Rabelais, Boileau, La Fontaine, Saint-Simon, Voltaire, Bernardin de Saint-Pierre, Alphonse de Lamartine, Rousseau, Gustave Flaubert etc, até à nossa contemporaneidade.

Seria uma longa viagem, uma travessia com muitas ausências e excessivamente longa para a ocasião.

Seja-me permitida outra opção mais breve por um itinerário em que consagro dois modelos diferentes, mas complementares, modelos que permitem evidenciar uma caminhada estética, imaginária, social e política no sentido da universalidade anelantemente desejada.

E passo a visitar dois exemplos dos dois últimos colhidos em narrativas nossas conhecidas: o jardim interior e o que beira o mar. Um, oitocentista, de garrettiana memória; o outro, novecentista, de Sophia. De um ao outro, poderá simbolizar-se um percurso da História e da Literatura, nacionais e europeias: do interior para o mar, da nacionalidade mais restrita para uma desejada universalidade.

Começo, pois, pelo jardim geograficamente interior, vale ou bosque, cuja localização o delimita.

E elejo o vale de Santarém de *Viagens na Minha Terra* (1946)[117], obra inscrita em longa e metamórfica linhagem literária para que propõe e elabora novo modelo: a narrativa de viagens.

No texto, acede-se ao vale de Santarém através de uma ponte, a de Asseca, limiar e transição simbólica entre duas ficções.

---
117 Obra cujos primeiros seis capítulos foram publicados primeiro na *Revista Universal Lisbonense*, em 1843 e, depois, na totalidade em 1845-46, surgindo em dois volumes em 1846 (Lisboa, Tipografia Gazeta dos Tribunais). Cf. edição com nova fixação de texto publicada no Porto, pelas Edições Caixotim, em 2004 (com prefácio meu e estudo do seu itinerário editorial).

É um lugar de exceção que começa por ser descrito de forma que o identifica com o mítico Éden:

> O vale de Santarém é um destes lugares privilegiados pela natureza, sítios amenos e deleitosos em que as plantas, o ar, a situação, tudo está numa harmonia suavíssima e perfeita: não há ali nada grandioso nem sublime, mas há uma como simetria de cores, de tons, de disposição em tudo quanto se vê e se sente, que não parece senão que a paz, a saúde, o sossego do espírito e o repouso do coração devem viver ali, reinar ali um reinado de amor e benevolência. As paixões más, os pensamentos mesquinhos, os pesares e as vilezas da vida não podem senão fugir para longe. Imagina-se por aqui o Éden que o primeiro homem habitou com a sua inocência e com a virgindade do seu coração.
>
> À esquerda do vale, e abrigado do norte pela montanha que ali se corta quase a pique, está um maciço de verdura do mais belo viço e variedade. A faia, o freixo, o álamo, entrelaçam os ramos amigos; a madressilva, a musqueta penduram de um a outro suas grinaldas e festões; a congossa, os fetos, a malva-rosa do valado vestem e alcatifam o chão.
>
> Para mais realçar a beleza do quadro, vê-se por entre um claro das árvores a janela meio aberta de uma habitação antiga mas não dilapidada – com certo ar de conforto grosseiro, e carregada na cor pelo tempo e pelos vendavais do sul a que está exposta. A janela é larga e baixa; parece-me mais ornada e também mais antiga que o resto do edifício que todavia mal se vê...
>
> Interessou-me aquela janela. (capítulo X)

Inscrito e delimitado, quer na geografia, quer na imagem que o texto dela nos oferece, o vale de Santarém insinua-se-nos como um *jardim fechado*, à semelhança do seu mítico arquétipo, enquadrado por quatro rios, o que sugere outras identificações em cadeia, começando pela de Portugal, por ele representado, com esse Éden original.

E, dentro da moldura imaginária desse *jardim fechado* que sobreimprime o nacional e o mítico, outra moldura se inscreve:

a da janela de Joaninha, signo vazio a preencher pelo discurso narrativo. Janela que esteticiza definitivamente a história por ela pressentida e espreitada, pois inscreve textualmente como mecanismo de articulação das histórias a imagem mais emblemática da teoria da perspectiva e da representação: a renascentista janela de Alberti[118]. Promovendo a articulação entre duas histórias que tiveram o vale de Santarém como um dos seus cenários privilegiados, insinua, também, o princípio da especularidade e da identidade entre exterior e interior, portanto, entre Portugal e Joaninha, ambos representados no e pelo vale.

Mas vejamos ainda essa Joaninha em que Portugal e a sua Literatura se refletem e simbolizam.

A sua construção esboça uma trajetória que começa, no capítulo X, por diferença relativamente aos modelos femininos civilizacionais europeus (a francesa, a inglesa e a alemã) e, depois, por semelhança relativamente à *natureza* (comparando fragmentos de ambas) até a confundir com ela, oferecendo-no-la num inesquecível quadro emoldurado cuja composição é lugar de múltipla confluência estética e imaginária.

Esse "quadro", emoldurado pelos signos demarcativos da descrição, abre o capítulo XX de *Viagens na Minha Terra*[119]: Joaninha adormecida.

Tive já ocasião de observar, em breve decálogo, a confluência estética em que se gerou essa composição, demonstrando

---

118 Tradicionalmente, a janela impôs-se como imagem da citação. Primeiro, da citação do real: em *Da Pintura* (1435-36), Leon Battista Alberti assumiu-a como recorte ou moldura enquadrando o mundo, favorecendo o seu "transporte" representativo para a tela, e Albrecht Dürer, na sua reflexão sobre o assunto (*Underweysung der Messung*, 1527) apresentou vários instrumentos através dos quais o artista podia 'cientificamente' pintar o real. Outros, tomando-a como metáfora, implicaram-na no conceito de perspectiva, "metáfora cognitiva": é o caso de Claudio Guillen, em *Literature as system* (Princeton, Princeton University Presse, 1971; "On the Concept and Metaphor of Perspective" (1966), p. 283-371), de E. Panofsky (*La Perspective comme Forme Symbolique*, Paris, Minuit, 1975), etc.

119 Sobre esta obra garrettiana falei já em *No Fundo dos Espelhos. Incursões na Cena Literária*, ed. cit.; "Almeida Garrett: *Viagens* – entre o enigmatismo e a curiosidade", p. 11-33. Cf. edição com nova fixação do texto publicada pelas Edições Caixotim, em 2004.

como a escrita garrettiana está informada de tradições e referências, nomeadas ou mais subtis[120], pelo que não vou demorar-me na enumeração das diferentes linhagens, mas apenas no que motiva esta evocação: a simbolização do eterno feminino.

Recordo o quadro inscrito noutro, paisagem antes descrita como um "dos mais lindos e deliciosos sítios da terra: o vale de Santarém, pátria dos rouxinóis e das madressilvas, cinta de faias belas e de loureiros viçosos" (capítulo IX):

> Sobre uma espécie de banco rústico de verdura, tapeçado de gramas e de macela brava, Joaninha, meio recostada, meio deitada, dormia profundamente.
>
> A luz baça do crepúsculo, coada ainda pelos ramos das árvores, iluminava tibiamente as expressivas feições da donzela; e as formas graciosas do seu corpo desenhavam-se mole e voluptuosamente no fundo vaporoso e vago das exalações da terra, com uma incerteza e indecisão de contornos que redobrava o encanto do quadro, e permite à imaginação exaltada percorrer toda a escala de harmonia das graças femininas.
>
> Era um ideal de *demi-jour* da *coquette* parisiense: sem arte nem estudo, lho preparara a natureza em seu *boudoir* de folhagem perfumado da brisa recendente dos prados.
>
> Com essas poéticas e populares legendas de um dos mais poéticos livros que se tem escrito, o *Flos Sanctorum,* em que a ave querida e fadada acompanha sempre a amável santa de sua afeição – Joaninha não estava ali sem o seu mavioso companheiro. Do mais espesso da ramagem, que fazia sobrecéu àquele leito de verdura, saía uma torrente de melodias, que vagas e ondulantes como a selva com o vento; fortes, bravas, e admiráveis de irregularidade e invenção como as bárbaras endechas de um poeta selvagem das montanhas... Era um rouxinol, um dos queridos rouxinóis do vale que ali ficara de vela e companhia à sua protectora, à menina do seu nome.

---

120 Cf. *Emergências Estéticas*, ed. cit.; "Joaninha Adormecida: um 'quadro' habitado de memórias", p. 13-28.

> Com o aproximar dos soldados, e o cochichar do curto diálogo que no fim do último capítulo se referiu, cessara por alguns momentos o delicioso canto da avezinha; mas quando o oficial, postadas as sentinelas a distância, voltou pé ante pé e entrou cautelosamente para debaixo das árvores, já o rouxinol tinha tornado ao seu canto, e não o suspendeu outra vez agora, antes redobrou de trilos e gorjeios, e do mais alto de sua voz agudíssima veio descaindo depois em uns suspiros tão magoados, tão sentidos, que não dissera senão que a preludiava a mais terna e maviosa cena de amor que este vale tivesse visto. (capítulo XX)

O modo como se confunde com a natureza confere-lhe o estatuto de *imagem* daquela, duplo, reflexo, emanação, o que já estava sinalizado antes, no verde de uns olhos fascinantes que, se refletiam o vale de Santarém e, através, dele, Portugal, também evocavam uma tradição europeia rica de dimensão mítica (Vênus, heroínas dos reinos de elfos e de histórias de amor, belas adormecidas ou suas semelhantes, etc). O rouxinol, por seu turno, associa-a, quer a uma linhagem literária erudita (onde surge como representante do poeta e como companheiro de jovens antecessoras de dramáticos amores, como é o caso da *Menina e Moça* de Bernardim), quer uma linhagem religiosa, desse calendário de mártires que é o *Flos Sanctorum*.

Assim, por sucessivas implicações e inscrições simbólicas, Joaninha, "ideal e espiritualíssima", concilia em si uma plural *representação identitária*: configura o eterno feminino e associa-o, quer à *natureza* matricial, telúrica, quer a Portugal, mais habitualmente encarado na versão política e masculina dos seus heróis. E sombreia de apreensão e drama o encanto e o futuro de todas elas: o seu, como protagonista de uma história amorosa que se faz pressentir e que tem diversos precedentes, o de Portugal, ameaçado pelos ventos da alteridade, e o da *natureza*, de que a *humanidade* vive nostálgico, mas irremediável divórcio. Assimetricamente ao velho conto popular, a Bela Adormecida despertará para o drama de amor que só a morte apazigua...

Neste novo Éden que Garrett localiza no vale da Santarém, acontecerá novo drama protagonizado por um par nacional:

Joaninha e Carlos. Mito(s) e História *sobreimprimem-se* na ficção, reforçando-lhe certas linhas de sentido: exatamente as que relevam de uma hermenêutica da História nacional. A "guardá--lo", em vez dos querubins de flamejantes espadas[121], o viajante confronta-se com duas figuras de mortos adiados: avó Francisca e Frei Dinis, depositários do *verbo* trágico (a carta de Carlos). E o(s) velho(s) mito(s) continua(m), assim, a funcionar como esquema(s) interpretativo(s) da realidade, conferindo aos autores que os atualizam a aura de enigmática Esfinge e às suas narrativas inesperada dimensão parabólica...

Avanço, agora, da *beira-mágoa* nacional e nacionalista (da lírica de Amigo e da nolevística bernardiniana, passando pela garrettiana, sentimental, até à pessoana, de escrita) em direção ao mar em que se fixa o olhar desse rosto esfíngico da Europa.

E busco o exemplo e uma representação mais universalista: "A Casa do Mar"[122], de Sophia de Mello Breyner Andresen. Casa--"jardim que avança pela duna e [se confunde] com a praia"[123].

> A casa está construída na duna e separada das outras casas do sítio. Esse isolamento cria nela uma unidade, um mundo.

Assim começa o conto de Sophia de Mello Breyner Andresen, retomando tantas outras "casas-búzio" que, na sua poesia, *beiram* o mar com jardins de areia, dunas e maresia. E continua, descrevendo o lugar:

> o jardim avança pela duna e confunde-se com a praia [...]. Dali se avista, para o sul, no extremo da distância, [...] uma cidade que vem até à orla do mar.
>
> Entre a casa e a cidade longínqua estendem-se as dunas

---

121 *Gen.* 3: 23-24.
122 Conto incluído no volume de Sophia de Mello Breyner Andresen intitulado *Histórias da Terra e do Mar*, Lisboa, Texto Editora, 1994, p. 57-72.
123 Ibidem, p. 61.

como um grande jardim deserto, inculto e transparente onde o vento [...] curva as ervas altas, secas e finas [...]".[124]

Emoldurada por um "halo de solidão" e pelo "seu isolamento na duna"[125], mas também pela ciclicidade textual, esse lugar constitui também um quadro que se oferece à nossa observação como nova e diferente versão do mítico Éden: "E tudo parece intacto e total como se ali fosse o lugar que preserva em si a força nua do primeiro dia criado".[126]

E oferece-se, influindo na nossa leitura de si próprio através de uma afirmação fundadora do nosso gesto interpretativo: nele, tudo é "como se [...] fosse outra coisa"[127]. Afirmação que o texto explicita adiante, distinguindo dois patamares de conhecimento e elegendo um deles:

> Quem nas janelas do corredor olha para fora e vê o muro de granito, as árvores na distância e os telhados a oeste, aquilo que vê aparece-lhe como um lugar qualquer na terra, como um acidente, um lugar ocasional entre o acaso das coisas.
>
> *Mas* quem do quarto central avança para a varanda e vê, de frente, a praia, o céu, a areia, a luz e o ar, reconhece que nada ali é acaso mas sim fundamento, que este é um lugar de exaltação e espanto onde o real emerge e mostra seu rosto e sua evidência.[128]

Tal codificação textual confere ao lugar, essa casa-"jardim que avança pela duna e [se confunde] com a praia"[129], a dimensão de palimpsesto, sob o qual o leitor deve buscar a alteridade.

---

124 Ibidem, p. 61.
125 Ibidem, p. 71.
126 Ibidem, p. 72.
127 Ibidem, p. 65.
128 Ibidem, p. 71, itálico meu.
129 Ibidem, p. 61.

A leitura do conto faz-me percorrer um itinerário em que destacarei, pelo menos, quatro hipóteses interpretativas, articuladas por uma progressiva *esteticização* e pela polissemia e conjugação de certos motivos (terra/ar/mar, casa/búzio, espelho/moldura/retrato, janela/porta/varanda, jardim, praia, etc).

Assim, à partida, numa perspectiva mais literal, consideramo-nos diante de uma descrição de uma *casa-jardim* na praia. Casa-jardim que o discurso nos faz observar do exterior e, depois, do interior, num trajeto de visita guiada por dissimulada instância que nos leva a ver o mar. Trata-se, como constataremos, de um itinerário iniciático induzido por uma presença-ausência sacerdotal que nos irá fazendo ver o que nos descreve e reconhecendo o que nos sugere e que passo a assinalar.

Depois, a relação de semelhança entre a ficção e as circunstâncias existenciais, a indefinição temporal e espacial e os motivos *universalizantes*, fazem-nos reconhecer, crescentemente, a *casa* como *símbolo* de um *conhecimento do universo* e *itinerário* para aceder a ele. É já o pleno domínio do simbólico onde tudo é "como se [...] fosse outra coisa"[130], relação tecida pela *metonímia* que tudo aproxima (casa-mar-universo).

Porém, ainda não será esta uma leitura tranquilizante: o sistemático *reconhecimento* de motivos e imagens de outros textos de Sophia sugere o *conto* e a *casa-jardim* como uma espécie de *síntese estética* onde se inscrevem insígnias autorais numa espécie de *museologia identitária*. A memória íntima da obra da poeta subsume-se nele e conforma-o: casa, mar, jardins à beira-mar, imagens elementais (areia, conchas, búzios, etc), imagens metonímicas (cheiro a maresia, etc), imagens estéticas e simbólicas (*limiares*: porta, janelas, varanda, praia, espelhos, retratos, etc) transformam a *casa* e o *discurso* que a representa numa espécie de *casa de espelhos* que reflete toda a obra da autora. Cada objeto adquire assim "transparência ambígua",

---
130 Ibidem, p. 65.

tornado "lugar de convocação [...]/ Onde do visível emerge a *aparição*"[131]: de Sophia e da sua poesia, em *sobreimpressões*.

E "A Casa do Mar" surge, por isso, transbordante de evocações que a cifram e em que se legitima esteticamente, qual "laguna onde se espelham/ Narcísicos palácios cor-de-rosa"[132].

Aqui chegada, porém, ainda me confronto com outros reconhecimentos: de temas e motivos da Arte Ocidental.

Avançando pela casa, vou registando uma multiplicidade de espelhos, molduras e janelas, signos de uma arte da representação cuja geometrização o Renascimento codificou e que a Arte sempre explorou e complexificou. Multiplicidade que cria uma arquitetura imbricada, complexa, reflexiva, de sombras, de transparências e de reflexos que parecem compor uma história de metamorfoses. A casa assume assim uma espécie de museologia da Arte Ocidental, dos seus fantasmas, emoldurando-os e fixando-os para os insinuar ao nosso olhar.

Uma dessas imagens, nuclear, é a da habitante da casa. Mas ela surge-nos progressivamente, encenando a história da sua própria "revelação". Primeiro, é presença sentida, anunciada por sinais da sua existência e ação:

[...] o cigarro poisado no cinzeiro arde sozinho [...].[133]

No ar paira o perfume que sobe de um frasco de vidro doirado e preto que alguém deixou destapado.[134]

Depois, surgem-nos fragmentos de imagens, sinédoques de um corpo de insustentável leveza, de uma mulher espiritualizada,

---

131 As citações são retiradas da edição da *Obra Poética* da autora (edições utilizadas: Lisboa, Editorial Caminho, I-II, de 1996, e III, de 1998). Por comodidade, farei as referências com recurso às iniciais e números dos volumes. Aqui, respectivamente: *OP* III, p. 121 e 341 (com itálico meu).

132 Andresen, Sophia de Mello Breyner. *Musa*, Lisboa, Caminho, 1994, p. 34.

133 *Histórias da Terra e do Mar*, p. 64.

134 Ibidem, p. 67.

ser etéreo. Ou reflexos-miragens que me surpreendem ou que eu própria surpreendo:

> Ali o ar, em frente dos espelhos, oscila e parece arder como se as mãos [...] alisassem e torcessem longas madeixas de cabelo denso como searas e leve como fogo.[135]

Figura afagada pelo vento, que "faz voar em frente dos olhos o loiro dos cabelos"[136], semiocultada "pela penumbra e pela luz" no instantâneo de uma fotografia ("a mão polida [...] que docemente poisa sobre a mesa, o perfil sereno e claro com o cabelo brilhando sobre o vestido escuro, o [...] pescoço fino [...]"[137]) emergindo da sombra ("o rosto emerge branco da sombra") ou revelando-se no espelho (que "mostra o outro lado do perfil"). Figura que se deixa imaginar no quarto com "algo de glauco e de doirado":

> uma mulher de olhos verdes e cabelos loiros, leves e compridos, de um loiro brilhante e sombrio, e cujo perfume é o perfume do sândalo. A beleza da sua testa é grave como a beleza da arquitrave de um templo. Nos seus pulsos há um quebrar de caule. Nas suas mãos, através da finura da pele, o pensamento emerge [...], ora revelando, ora escondendo o interminável brilho dos olhos magnéticos, verdes, cinzentos, azuis e desmesurados como mares. [...] [A]s mãos, macias como pétalas de magnólia, [...] longas madeixas de cabelo denso como searas e leve como o fogo.[138]

Figura cuja clássica perfeição parece emergir, por fim, identificada em pleno esplendor no clímax final do conto, onde o incenso se eleva no ar. Primeiro, recortando-se nele (imagem antecipada pelo recorte do fumo do cigarro e do perfume do frasco aberto): "[...] uma jarra de vidro coalhado azul cheia de cravos

---

135 Ibidem, p. 68.
136 Ibidem, p. 61.
137 Ibidem, p. 65.
138 Ibidem, p. 68.

cujo perfume se recorta, nítido e delimitado, no perfume salino do ar".[139]

Depois, o incenso expande-se em triunfo, na celebração da epifania de beleza: "[...] e, ao longo das areias luzidias, maresias e brumas sobem como um incenso de celebração".[140]

É Vênus que, por fim, se nos impõe, que se faz perseguir da 'anunciação' à 'revelação' final.

E, nessa figura difusa que acaba por se nos revelar, Vênus, ícone estético, representam-se o *texto* e o *universo* que assim se nos apresentam em triunfo, epifanicamente:

> Pelo gesto de dobrar o pescoço e de sacudir as crinas, as quatro fileiras de ondas, correndo pela praia, lembram fileiras brancas de cavalos que no contínuo avançar contam e medem o seu arfar interior de tempestade. O tombar da rebentação povoa o espaço de exultação e clamor. No subir e descer da vaga, o universo ordena seu tumulto e seu sorriso e, ao longo das areias luzidias, maresias e brumas sobem como um incenso de celebração.[141]

O conto celebra, assim, o ato de reinstauração, pelo *verbo*, do Éden arquetípico. A escrita e a leitura conjugam-se nesse processo criador e iniciático. E o jardim beirando o mar impõe a sua dimensão universal.

*   *   *

Em suma, o Jardim, lugar cosmogónico por excelência, codifica, de certo modo, as projeções identitárias dos que lhe estão na origem, dos que o constroem real ou imaginariamente.

---

139   Ibidem, p. 70.
140   Ibidem, p. 72.
141   Ibidem, p. 72.

Muitos desses *jardineiros-estetas*, como Garrett, podem tender a circunscrever a sua identificação ao *lugar* que ocupam, à pátria ou mátria que os gerou, promovendo-os a *símbolo* de uma identidade, em simultâneo, individual e nacional.

Outros, como Sophia, arrastam esses *jardins* para o limiar entre esse lugar e o *além* dele:

> Vi um jardim que se desenrolava
>
> Ao longo de uma encosta suspenso
> Milagrosamente sobre o mar
> Que do largo contra ele cavalgava
> Desconhecido e imenso.
> [...]
> Jardim onde o vento batalha
> E que a mão do mar esculpe e talha.
> Nu, áspero, devastado,
> Numa contínua exaltação,
> Jardim quebrado
> Da imensidão.
> Estreita taça
> A transbordar da anunciação
> Que às vezes nas coisas passa.[142]

Veem o universo vertido em *jardim* ou *jardins* que os e nos acolhem:

> Em todos os jardins hei-de florir,
> Em todos beberei a lua cheia,
> Quando enfim no meu fim eu possuir
> Todas as praias onde o mar ondeia.
>
> Um dia serei eu o mar e a areia,
> A tudo quanto existe me hei-de unir,
> E o meu sangue arrasta em cada veia
> Esse abraço que um dia de há-de abrir.
>
> Então receberei no meu desejo
> Todo fogo que habita na floresta
> Conhecido por mim como um beijo.

---

142 *OP* I, p. 82-83.

Então serei o ritmo das paisagens,
A secreta abundância dessa festa
Que eu via prometida nas imagens.[143]

E, com isso, consagram a sua integração no universo ilimitado onde se ouve a música das esferas, essa cujo ritmo Kepler concebeu no seu *Mysterium Cosmographicum* (1596) e que, muito antes (Pitágoras e outros) e depois dele, tantos desejaram ouvir... projetando-se no universo, "E através de todas as presenças/ Caminh[ando] para a única unidade".[144], perdendo-se nela: "A voz sobe os últimos degraus/ Oiço a palavra alada impessoal/ Que reconheço por não ser já minha". [145]

Por tudo isto e muito mais, o *jardim* é das imagens mais pregnantes do imaginário humano, marcante em todas as culturas e épocas, verdadeiramente universal. E este Congresso demonstra-o bem: reunindo representantes de tantos países, culturas, áreas científicas e, até, idades, todos sob idêntico fascínio, todos marcados por um *olhar maravilhado*, como o dos velhos viajantes de outrora...

---

143 *OP* I, p. 58.

144 *OP* I, p. 46.

145 *OP* III, p. 349-350.

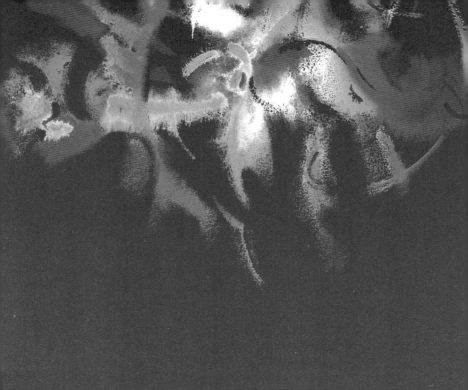

Diários de bordo

DA ACOSTAGEM: PROCESSO E LUGARES

Ler conduz-nos da interpretação literal a níveis de compreensão cada vez mais complexos, com base em ideias ou impressões, *hipóteses de trabalho* que vamos procurar confirmar na perscrutação do texto. Esse movimento de reavaliação e de análise detalhada pode, no entanto, infirmar a hipótese de partida, confrontando-nos com outras hipóteses que a excluem, fazendo-nos desistir das visivelmente menos adequadas. Quando as diferentes hipóteses são compatíveis e sintetizáveis, estamos perante um texto de diferentes níveis de leitura, aberto a diversas abordagens; caso contrário, o texto pode estar armadilhado por uma falsa pista, em *trompe l'oeil*, projetando-nos de uma para outra, em permanente insatisfação, até que alguma (caso das *anamorfoses*) ou algumas, entretanto geradas nesse movimento analítico, pareça ou pareçam resolver os obstáculos colocados pelo texto às anteriores.

E ler suspende-nos diante de *imagens* textuais que nos fazem desdobrar, mentalmente, muitas outras na confluência da memória, da imaginação e do esquecimento, matéria das sombras e das transparências que nos constituem, dotada de uma temporalidade onde a universalidade se inscreve e que se verte no efeito absolutizante do *instantâneo*. *Museus imaginários* (Albert Camus) ou *livros de imagens* (Alberto Manguel) emergindo do signo literário, simbólico, alegórico, evocador, transfigurador, medusante, em suma. Figuração encantatória emanando do sopro do *encantamento* perdido (Max Weber, Marcel Gauchet), de raízes longínquas cujos reflexos se insinuam na arte, gerando nela uma espécie de *geometria fratal* (Benoit Mandelbrot). Porque, afinal, somos, acima de tudo, *sujeitos imaginantes* (Edgar Morin) com um padrão de pensamento eminentemente *relacional* (Gergory Bateson).

Nas leituras que se seguem, ensaio sucessivas travessias de cada um dos territórios selecionados, desdobrando um itinerário possível, percorrido em aulas e em textos[146], começando pelo que parece mais evidente e progredindo por diferentes e sucessivos níveis de complexidade e de abrangência cultural e estética. Como quando o olhar segue as ondas concêntricas produzidas pela queda da pedra na superfície espelhada de um lago: cada vez mais largas e mais subtis, implicando-se, repercutindo-se... Ou como quando Edward Lorenz e os teóricos do caos nos fazem ver o adejar de asas de uma borboleta a provocar um tufão do outro lado do mundo... Subtilizando-se, potenciando-se ou...

---

146   Dispersos e diversos, assinalarei caso a caso os volumes que os integram.

1. *Primeiro diário*: "José Mathias" (1897) de Eça de Queirós[147]

Primeiro dia

A primeira impressão que fica da leitura do conto, é a de que nele se conta a história do "interessante" José Matias, "moço" oitocentista, num diálogo desenvolvido entre amigos durante o seu funeral.

O conto impõe uma progressão no conhecimento de José Matias através do depoimento de um seu amigo a outro que o teria conhecido também, itinerário que duplica o da aproximação ao cemitério:

> Linda tarde, meu amigo!... Estou esperando o enterro do José Matias – do José Matias de Albuquerque, sobrinho do visconde de Garmilde... O meu amigo certamente o conheceu – um rapaz airoso, louro como uma espiga, com um bigode crespo de paladino sobre uma boca indecisa de contemplativo destro cavaleiro, de uma elegância sóbria e fina. E espírito curioso, muito afeiçoado às ideias gerais, tão penetrante que compreendeu a minha «Defesa da Filosofia Hegeliana»! Esta imagem do José Matias data de 1865: porque derradeira vez que o encontrei, numa tarde agreste de janeiro, metido num portal da Rua de S. Bento, tiritava dentro de uma quinzena cor de mel, roída nos cotovelos, e cheirava abominavelmente a aguardente.
>
> Mas o meu amigo, numa ocasião que o José Matias parou em Coimbra, recolhendo do Porto, ceou com ele, no Paço do Conde! Até o Craveiro, que preparava as «Ironias e Dores de Satã», para acirrar mais a briga entre a Escola Purista e a Escola Satânica, recitou aquele seu soneto, de tão fúnebre idealismo: «Na jaula do meu peito, o coração...». E ainda lembro o José Matias, com uma grande

------
147 Conto primeiro publicado em 1897, no n.º 2 da *Revista Moderna*, de Paris, e depois incluído no volume de Eça de Queirós intitulado *Contos* (1902). Edição utilizada: 25. ed., Lisboa, Livros do Brasil, s.d., p. 197-222. Sobre este conto, escrevi já um ensaio que integrei no livro *No Fundo dos Espelhos. Incursões na Cena Literária*, p. 77-82.

gravata de cetim preto, tufada entre o colete de linho branco, sem despegar os olhos das velas das serpentinas, sorrindo palidamente àquele coração que rugia na sua jaula... Era uma noite de Abril, de Lua cheia. Passeámos depois em bando, com guitarras, pela ponte e pelo Choupal. O Januário cantou ardentemente as endechas românticas do nosso tempo:

Ontem de tarde, ao sol-posto,
Contemplavas, silenciosa,
A torrente caudalosa
Que refervia a teus pés...

E o José Matias, encostado ao parapeito da ponte, com a alma e os olhos perdidos na Lua! – Porque não acompanha o meu amigo este moço interessante ao Cemitério dos Prazeres? Eu tenho uma tipóia, de praça e com número, como convém a um professor de Filosofia... O quê! Por causa das calças claras! Oh meu caro amigo! De todas as materializações da simpatia, nenhuma mais grosseiramente material do que a casimira preta. E o homem que nós vamos enterrar era um grande espiritualista! (p. 199-200)

A biografia do morto desenvolve-se como num *réquiem* ou discurso fúnebre, última homenagem ao "grande espiritualista" acompanhando o caixão. José Matias é sugerido como "moço" e representante de uma geração, a do narrador e do narratário, mas também, afinal, a do autor e do leitor seu contemporâneo, "ardente geração" que cursou na boêmia acadêmica coimbrã e que amadureceu e faleceu em Lisboa, *vencida pela vida*, percurso paradigmático. Percurso, aliás, representado por duas "imagens" contrastantes que abrem e justificam o discurso sobre ele: a do "rapaz airoso" e a do homem decadente que "cheirava abominavelmente a aguardente" (p. 199).

No entanto, o estatuto de veracidade que, à semelhança do protocolo romântico, o conhecimento da personagem, as referências geográficas, temporais, sociais e outras parecem tentar garantir é completamente subvertido pela ironia que informa o discurso sobre José Matias, um discurso que deveria estar enlutado pelas circunstâncias, em jeito do *réquiem* tão cultivado no século XIX (com Mozart, em 1791, Berlioz, em 1837, Bruckner, em 1849, Schumann, em 1849 e 1852, Brahms, em 1857-68, Verdi, em 1873-74, Dvorak, em 1891, etc).

Se concordarmos que um dos principais aspectos da ironia é a distância que ela cria entre sujeito e objeto, além da surpresa entre o que se anuncia e o que se faz, posso apontar alguns fatores que a conformam.

O primeiro e mais óbvio fator é a surpreendente coincidência de três ciclos de diferente natureza: o do percurso existencial de José Matias, o do trajeto do seu funeral e o do discurso do narrador sobre ele. No último, a conclusão retoma fielmente o início: o comentário à "linda tarde" e a displicência modal que sublinha a *distância* entre narrador e narrado, reproduzindo-se entre nós e o que lemos. Tal reprodução *da distância* aproxima os sujeitos de escrita e de leitura, proximidade insinuada na ambiguidade de um *nós* ("nossa ardente geração") que nos engloba cumplicemente.

Outro operador de distanciamento é o recurso sistemático ao demonstrativo. Apontar releva de uma distância entre sujeito e objeto do discurso e confirma-a. José Matias é inumeramente designado por "este" (quando vivo) e por "esse" (referência ao corpo): "este moço interessante" (p. 200), "este José Matias" (p. 201), "este extraordinário Matias" (p. 211), "este Matias" (p. 212), "este inexplicado José Matias" (p. 222), "esse, que aí levamos" (p. 200). Note-se como mesmo o deíctico de proximidade, anteposto ao nome, revela afastamento, às vezes reforçado pelo adjetivo, quer do narrador, quer dos seus contemporâneos (ele foi o "único intelectual que não rugiu com as misérias da Polónia; que leu sem palidez ou pranto as *Contemplações*, que permaneceu insensível ante a ferida de Garibaldi!", p. 201).

Um outro fator de distanciamento é a multiplicação espantosa de adjetivos e de advérbios com que o narrador vai conformando José Matias. Ele é "macio", "louro", "ligeiro", "nobre", "puro", "intelectual", "triste", "comedido", "quieto", "extraordinário", "interessante", "ultrarromântico", etc. Esta adjetivação é ainda salientada pelo fato de tender a dispor-se ternariamente e/ou pelo fato de ser adverbialmente maximizada: "tão macio, tão louro, tão ligeiro" (p. 209), "nobre, puro, intelectual Matias" (p. 209), "tão infinitamente triste" (p. 218), "tão comedido e quieto" (p. 203), etc. Mesmo os adjetivos denunciam o excesso na personagem: o "extraordinário Matias" (p. 211) é dotado de "horrenda correcção" (p. 202), de "uma imensa superficialidade sentimental" (p. 201) e o mais que se sabe. Quanto aos advérbios com que o narrador vai modalizando a atitude da personagem, o número e variedade são impressionantes e sempre, também, excessivos: ele surge-nos "desesperadamente", "angustiadamente", "melancolicamente", "freneticamente", "subitamente", "precipitadamente", "violentamente", "serenamente", "tremulamente", "inteiramente", "infinitamente", "infalivelmente", "sutilmente", "submissamente", "incessantemente", "cautelosamente", "perenemente", "desvairadamente", "escandalosamente", etc.

Enfim, combinando-se com e gerando-se no distanciamento assim obtido, amplificando-o, somos convidados a saber de José Matias a partir do já referido díptico inicial que o *retrata* e lhe baliza a trajetória existencial: em ambos os casos, José Matias surge de *perfil* (olhando a Lua num e a janela de Elisa no outro), fazendo evocar a tradição da representação de personalidades ilustres em pose hierática (na medalhística, como na pintura). O *incipit* torna-se, assim, duplamente apresentacional e emoldurante: a distância do narrador a ele duplica-se na que promove entre ele e o leitor.

Ora, o *perfil*, se o compararmos com os retratos de corpo inteiro, não apenas torna evidente a omissão do *outro lado*, da outra *face*, que completa a identidade, mas também lembra a pose ficcionalizadora, gerada entre o que o indivíduo e o artista desejam mostrar e esconder, simular e dissimular em função dos seus objetivos (identitários, estéticos, etc). Além disso, o *perfil* estabelece um corte comunicativo: a lateralização do rosto cria uma fissura espetacularizante entre o original e quem o observa que se duplica e amplifica entre a representação e o público a quem ela é mostrada.[148]

Quando José Matias surge enquadrado pela *janela*, emoldurado nela ("aquele *homem à janela*, imóvel, hirto na sua adoração sublime, com os olhos, e a alma, e todo o ser cravados no terraço, na branca mulher", p. 204, itálicos meus), ou, mais tarde, no portal ("três anos viveu José Matias encafuado naquele portal!", p. 218), convoca, naturalmente, a tradição retratista de *figuras à janela*, tão importante no Romantismo e remontando à pintura e às iluminuras de Livros de Horas do norte da Europa, que se tornou o mais popular tema de ilustração de livros em Inglaterra nas décadas de 50, 60 e 70 do século XIX, combinando-se e redimensionando-se com o do *espelho*[149], como acontece também com José Matias em momento liturgicamente sublinhado:

> Toda a sua atenção se concentrara diante do espelho, no alfinete de coral e pérola para prender a gravata, no colete branco que abotoava e ajustava com a devoção com que um padre novo, na exaltação cândida da primeira missa, se reveste da estola e do amito, para se acercar do altar. Nunca eu vira um homem deitar, com tão profundo êxtase, água-de-colónia no lenço! E depois se enfiar a sobrecasaca, de lhe espetar uma soberba rosa, foi com inefável emoção, sem deter um delicioso suspiro, que abriu largamente solene as vidraças! *Introito ad altarem Deum*! Eu permaneci discretamente enterrado no sofá. (p. 204)

Será dentro desta *moldura* de *perfis* feita que veremos surgir outras *representações* de José Matias, todas contaminadas pela modalização estética daqueles, insinuando a suspeita...

----

148 Sobre isto, tive já ocasião de refletir a propósito de outro retrato no prefácio que dediquei a Senna Freitas (*O Perfil de Camilo Castelo Branco*, Porto, Edições Caixotim, 2005, p. 7-24).

149 Sobre este fenômeno reflito longamente num ensaio sobre a obra de Teolinda Gersão que integra o volume *Teolinda Gersão: Retratos Provisórios*, Lisboa, Roma Editora, 2005, p. 9-118.

Acresce a isto a imagem do *trajeto convivial* que suporta o edifício da ficção: ela evoca, irresistivelmente, outros, exemplares de modelos elaborados nas metamorfoses de diferentes tradições literárias.

Uma dessas tradições é a da *narrativa de viagens* na sua mais lata acepção (englobando os textos que se estruturam em função do tema da *viagem*). Em pano de fundo, o itinerário que aqui conduz parece sinalizado no *incipit* d'*As Viagens* (1846) garrettianas: empunhando a tradição dos "livre[s] de découvertes" na exibição emblemática de um novo modelo, o seu, confessional e intimista, Xavier de Maistre epigrafa a inovação de Garrett, nacionalmente redimensionada, de um modo que Camilo reequacionará n' *As Vinte Horas de Liteira* (1864) e que Francisco Maria Bordalo (*Viagem à roda de Lisboa*, 1855) e Eduardo de Barros Lobo (*Viagens no Chiado: apontamentos de jornada de um lisboeta através de Lisboa*, 1887), mais conhecido por Beldemónio, circunscrevem à capital, cenário do funeral do nosso José Matias.

Outra das tradições, a que regressarei adiante, é a dos textos estruturados sob a forma de *diálogo* ou em que ele tem uma importância vital.

Assim fantasmizado por esta anterioridade feita de metamorfoses (tradições, linhagens, obras e *topoï*), o conto queirosiano suspende José Matias na indecidibilidade estatutária da *litera* que o configura, entre o real, o imaginário e a tradição literária...

Progressivamente, José Matias desliza para fora do campo de realidade que começara por apresentá-lo como que envolto em "bola de sabão": "[...] como o Rui Blas do velho Hugo, caminhou, vivo e deslumbrado, dentro do seu sonho radiante [...]". (p. 205)

> *Problema:*
> *Tudo isto vai descredibilizando José Matias como homem, fazendo-o deslizar progressivamente do plano da realidade para o da ficcionalidade: começo a vê-lo como personagem.*

Segundo dia
A nível da obra queirosiana, outras personagens surgem na minha memória: os românticos, *sentimentais, mas também Fradique Mendes, alguém sobre quem Eça confessa não ter tido acesso à sua vida íntima e sentimental.*

A narrativa começa por iluminar José Matias com o brilho da Lua cheia, "[e]ra uma noite de Abril" (p. 199), conjugando, assim, o tópico romântico e o do ficcional maravilhoso ("era uma vez...") num único *incipit*, insinuando-o sob o signo estético: "Era uma noite de Abril, de Lua cheia" (p. 199). É também n'"uma noite no terraço, à luz da lua!" (p. 202) que vê e se apaixona por Elisa. Esse exato momento denuncia a *conformação* de José Matias, de Elisa e da sua história de amor em função de modelos estéticos, com um artificialismo acrescido pelo fato de tudo se desenvolver *como n[uma] estrofe* (itálicos meus) da letra de uma música trauteada pela sua geração:

> O meu amigo decerto trauteou, como todos trauteámos, aqueles versos gastos, mas imortais:
> *Era no Outono quando a imagem tua*
> *À luz da lua...*
>
> Pois, como nessa estrofe, o pobre José Matias, ao regressar da praia da Ericeira em Outubro, no Outono, avistou Elisa Miranda, uma noite no terraço, à luz da lua! O meu amigo nunca contemplou aquele precioso tipo de encanto lamartiniano. (p. 202)

É a Lua oferecida pela tópica e cuja luz, em trânsito pela História da Arte, se torna encantatória no Romantismo, evoca a tradição das "cenas galantes"[150] e se sepulcraliza no Ultrarromantismo nesse noivado ("O Noivado do Sepulcro", de Soares de Passos)

---
150 Se o *Clair de Lune* se nimba de silêncio e de melancolia, até na música (com Beethoven, na sua sonata *opus* 27, de 1800-1), também evoca o artificialismo das "cenas galantes" (abrindo com "Clair de lune" as *suas Fêtes Galantes*, de 1869, Verlaine, p.ex., recorda esse motivo cortesão de Watteau, Boucher, Fragonard e outros, com o que ele comporta de simulação e dissimulação e de jogo na sociedade do século XVIII), podendo conciliá-los, como acontece em *Clair de lune* de *La Suite Bergamasque* (1890-1905) de Debussy ou evidenciar a evanescência e a fugacidade do que banha nos quadros impressionistas (p.ex., *Clair de lune sur le Port de Boulogne*, de 1869, de Edouard Manet).

que os escritores realistas e outros tantos parodiaram. Banhado por um luar assim modalizado, "desde essa noite de Outono (p. 203), José Matias parece encenar outra versão de amor eterno ("forte, profundo, absoluto amor", p. 203) ou de noivado para além da morte, em jeito de evocação paródica[151].

E o José Matias "encostado ao parapeito da ponte, com a alma e os olhos perdidos na Lua" (p. 200) começa a parecer uma concretização ficcional do *(ultrar)romântico*, esse tipo *literário* ou por ele mediatizado que Eça identifica em tantos textos seus com o *sentimental*, dominado pelo coração e pelos afetos, um "poema" (p. 208), como se sugere a meio da sua história. As *Prosas Bárbaras* (1903), p.ex., deixam ecoar nele a sua *Sinfonia de Abertura* com a referência a uma galeria de protagonistas de amores fatais reconduzíveis, afinal, a um só "tipo soberano" [sic] e essa Elvira romântica de Lamartine, Verlaine e Mallarmé parece metamorfosear-se na Elisa-objeto de paixão... Como o professor dirá caricaturalmente:

> Ah! Muito filosofei sobre ele, por dever de filósofo! E concluí que o Matias era [...] [u]m ultra-romântico, loucamente alheio às realidades fortes da vida, que nunca suspeitou que chinelas e cueiros sujos de meninos são coisas de superior beleza em casa em que entre o sol e haja amor. (p. 212-213).

Do mesmo modo, também a posterior "seriedade carregada, toda em sombra e rugas, de quem se debate numa dúvida irresolúvel, sempre presente, roedora e dolorosa" (p. 208), mesclada de melancólica abstração, parece concretizar a atitude do poeta finissecular.

O nível intelectual e cultural, por outro lado, aproxima José Matias do *dilettante* Fradique, objeto de longa maturação (desde o de autoria coletiva de 1868-69, passando pelo do *Mistério da Estrada de Sintra*, de 1870, até ao da *Correspondência*, de 1888-1900), sugerindo um José Matias habitado pelo fantasma do outro.

---

151 No sentido que Linda Hutcheon confere a este conceito. Cf. Hutcheon, Linda. *Uma Teoria da Paródia*, Edições 70, s.d. [1989].

Apesar disso, José Matias é demasiado artificial, afastando-se ainda destes perfis em ponto de fuga.

Como personagem, José Matias movimenta-se no seu universo. Mas tudo o que caracteriza essa ação é pouco natural, artificioso: passeia-se solitariamente num "grande cavalo branco", com um "imenso chicote" (p. 214), janta com "serpentinas profusamente acesas e a mesa juncada de flores" (p. 205), p.ex.[152] A referência à mudança na decoração do seu quarto (idem) reforça o efeito de encenação, de montagem cênica. E, se de montagem cênica se trata, logicamente ela é feita para o leitor. A *pose* e a *cena*.

Na fisionomia de José Matias, o elemento mais marcante é o sorriso cujas modulações o narrador nos faz acompanhar ao longo de muito tempo: ele esboça-se "iluminadamente", "deliciadamente", "extaticamente", "irresistivelmente", "calmamente enternecido", "religiosamente atento", com "deliciosa certeza" e "segura beatitude", "lento e inerte", etc. "Perene", esse sorriso acaba, devido a isso mesmo, por se nos tornar inaceitável: incrível na personagem e tornando a personagem igualmente inacreditável para nós, apesar da transformação que ela sofre.

E, por fim, o amor que dedica a Elisa: "submisso e sublime" (p. 209), "esplêndido, puro, distante, imaterial" (p. 204), "suspenso, imaterial, insatisfeito" (p. 209), "forte, profundo, absoluto" (p. 203), um amor "transcendentemente espiritualizado" (p. 205), de uma "adoração sublime" (p. 212), "a mais pura adoração" (idem), excesso que, além de não ser confirmado pelo discurso da personagem, é contradito no discurso do próprio narrador que chega a atribuir-lhe "uma alma escandalosamente banal" (p. 202) e "uma imensa superficialidade espiritual" (p. 201). O excesso e a contradição distanciam também José Matias de nós, leitores, e

---
[152] Nessa versão, José Matias contrasta em absoluto com a versão de "cinismo sobremaneira satânico" de Silvestre da Silva, personagem camiliana de *Vinte Horas de Liteira* (1864): ambos encenam o ultrarromantismo, mas um tinge-o de branco, enquanto o outro o carrega de negro, exprimindo assim cromaticamente as suas hipóteses eufórica e disfórica.

conferem-lhe ficcionalidade. Artificialidade reforçada pela forma encenada como nos surge Elisa, observada à distância e *emoldurada* (pelo jardim, pela janela), em movimento lento, formando com ele o enigmático *par amoroso* e intensificando-lhe o artificialismo ao lembrar tantas "damas de branco" que perpassam pela literatura, em particular, e pela arte, em geral[153].

E outro aspecto distingue ainda mais inequivocamente José Matias: o silêncio emocionado ("silêncios banhados num sorriso religiosamente atento", p. 205) e a postura estaticamente contemplativa contrastam com o discurso brilhante de Fradique, cinzelador das *Lapidárias* e viajante, ou com o discurso e a ação passionais dos protagonistas amorosos.

Por fim, e regressando ao tópico das *janelas* emoldurantes, esteticizantes: ele e Elvira surgem enquadrados por elas em *face a face* ("com as janelas de Elisa diante das suas janelas", p. 212), sugerindo um díptico que lhes dissolve a pouca densidade psíquica, *humanizadora*, que tinham. As janelas recortam-nos, fragmentando-os e como que biplanificando-os num confronto de rostos, de retratos... Janelas que evocam outras, tão pregnantes na Literatura (caso da romântica Joaninha dos rouxinóis), como na pintura, e que se multiplicam, desenvolvendo a história, justificando episódios: pelas janelas e/ou através das suas vidraças se viram e observavam, "das janelas desse n.º 214", João Seco "compreendeu o romance" entre Elisa e o apontador e o narrador viu este último e o José Matias, da sua janela, Elisa observará José Matias "dentro daquele portal" (p. 219), etc. Janelas que, na sua multiplicada e sucessiva perspectivação, podem sugerir uma *série*, como as impressionistas, e exprimir os seus donos, pontuando a história da relação ou sequências dela, como acontece com as de Elisa sob o olhar de José Matias "a adorar submissamente as suas janelas" (p. 219): "luzi[ndo], de Inverno embaciadas pela

---

153 Sobre a multiplicidade e diversidade da representação das damas de branco e o seu poder evocador, remeto para o que disse em *"O Livro de Cesário Verde*: Quatro Estações em Câmara de Arte e Prodígios", na versão extensa que integro no meu livro *Emergências Estéticas*, p. 29-105.

névoa fina, de Verão ainda abertas e arejando no repouso e na calma", "apagando-se" à noite, etc.

Assim *fantasmizado* pelo artificialismo, pelo excesso ou pela falta, mas também pelos reflexos que nele se refratam, José Matias começa a insinuar-se para além das fronteiras do literário...

> *Problema:*
> *O silêncio e a suspensão de José Matias, acima de tudo, desacreditam-no também como* personagem *e fazem-no deslizar da ficcionalidade para um outro plano.*
> *Nessa altura, o texto gera em mim a suspeita de que, afinal, José Matias talvez não seja verdadeiramente uma personagem, nem a caricatura do* romântico, *nem um potencial homólogo de Fradique, mas outra* coisa.
>
> *Terceiro dia*
> *Começo a suspeitar que a herança iluminista informa esta ficção: talvez José Matias seja um* signo vazio, *espécie de* incógnita *de uma equação, de um raciocínio, potenciando a exploração de qualquer* itinerário de conhecimento de alguém/alguma coisa. *Mas também me ocorre a suspeita de que José Matias protagonize uma reflexão sobre o gênero* conto: incógnita *de uma outra que em função dela se* modeliza e se oferece como *possibilidade* retórica.
> *Eis-me com duas novas hipóteses interpretativas:*
> - *a de que o discurso sobre José Matias possa conformar qualquer* itinerário de conhecimento *de uma pessoa/ personagem/fato. Compreender esse objeto passará sempre, naturalmente, por procurar saber a sua história, ouvir os depoimentos de testemunhas, etc.*
> - *a de que o texto concretize um modelo do conto queirosiano, em jeito* ensaístico, reflexivo, *hipótese entre outras, quiçá proposta. A arquitetura textual desenvolver-se-ia* convivialmente *em torno de um* centro *esvaziado pela morte e pelo silêncio, enigmatizado pela lacuna informativa e enquadrado por* retratos.

Diferindo da realidade geracional a que surgiu associado e da ficcional que nos fez evocar, José Matias adquire contornos cada vez mais problemáticos: cada hipótese o colocou mais à distância do leitor, que começou por recebê-lo como seu "semelhante", tendeu a "assemelhá-lo" a diferentes personagens e enquadramentos e acaba por consciencializar o vazio da sua *singularidade modelizante*.

A ausência de discurso e de esclarecimento retiram-lhe densidade psicológica, dinamismo e volumetria, *biplanificam-no* numa espécie de recortada sombra chinesa que vai sendo deslocada de cenário em cenário, de episódio em episódio. Em geral, como referi, ele surge mesmo estrategicamente *emoldurado*, mais artificializado ainda, como quando o narrador o descreve "à janela, imóvel, hirto na sua adoração sublime, com os olhos [...] cravados no terraço, na branca mulher calçando as luvas claras" (p. 204), após a viuvez de Elisa e o seu subsequente casamento com Matos Miranda, ou concentrado ao espelho (p. 204), ou, ainda, como que "prostrado ante uma imagem da Virgem" (p. 211), ou, por fim, "encafuado naquele portal" (p. 218). O "grande espiritualista" (p. 200) torna-se progressivamente "o nosso pobre espiritualista" (p. 222), enterrado pela palavra do narrador que lhe deu *vida* e que declara "que nós vamos enterrar" (*sic*, p. 200).

Isto confere a José Matias *natureza problemática*. Lembro que *problema,* etimologicamente, é o que é projetado no espaço, adquirindo maior visibilidade. A questão ainda é mais complexa: o próprio narrador, ao mesmo tempo que vai definindo José Matias, também o indefine. Indefine-o pela contradição, como assinalei. Indefine-o pela dúvida diversamente formulada e em diferentes graus. Além do tradicional recurso ao advérbio "talvez", é o caso do par de interrogações coordenadas pela disjuntiva:

> Haveria ali reconhecimento por o Miranda ter descoberto numa remota rua de Setúbal [...] aquela divina mulher, e por a manter em conforto [...]? Ou recebera o José Matias aquela costumada confidência – "não sou tua, nem dele" – que tanto consola do sacrifício porque tanto lisonjeia o egoísmo...? (p. 206)

> Era o grito da alma, no assombro e horror de morrer também? Ou era a alma triunfando por se reconhecer enfim imortal e livre? (p. 222)

A dúvida também se insinua na aparente assertividade das frases modalizadas por "decerto", "certamente", "com certeza". Outros exemplos poderiam ser evocados, inclusivamente mostrando como a suposição que o narrador faz num momento acaba por ser infirmada pelo conhecimento posterior, injustificando o seu enunciado. Por fim, o narrador indefine a sua personagem confessando o seu desconhecimento, quer de fatos, quer de pensamentos, quer de sentimentos e/ou motivações da personagem: "não sei" (p. 203, 206, 213, 220, 221), "não creio que" (p. 213), "nunca compreendi" (p. 206), "sempre me pareceu que" (p. 208) e suas variantes sucedem-se no discurso do narrador.

Sendo este narrador uma instância que recorrentemente ostenta insígnias de saber (é professor de Filosofia e autor de várias obras que menciona) e de conhecimento de José Matias (foi seu amigo, acompanhou o seu trajeto e teve amigos comuns), tal incompreensão resulta como que "institucionalmente" justificada, sancionada: José Matias não é apenas "inexplicado" (p. 222), mas mesmo "impenetrável" (p. 210) à análise. Esta 'impenetrabilidade' analítica projeta-o na esfera da indecisão de leitura ("era talvez muito mais que um homem – ou talvez ainda menos que um homem...") cujo equilíbrio só ele próprio poderia destruir. Ele não fala (ou quase) e essa falta do seu discurso impede-nos e ao narrador de o compreendermos, obsta à sua apreensão, ao acesso a ele. Está em causa mais do que a ambiguidade apenas: a afirmação final de que ele "era talvez muito mais que um homem – ou talvez ainda menos que um homem..." – cria uma grande amplitude interpretativa, potenciando a diversidade entre os opostos.

Deste modo, José Matias emerge com natureza *duplamente problemática:* a distância entre ele e o leitor é aumentada pelo fato de nela se introduzir a distância de desconhecimento que, afinal, existe entre ele e o narrador, instância de quem o leitor esperava a explicação da personagem. À distância, a personagem surge claramente como artefato, *modelo*, desviando a nossa atenção desse ficcional para o discurso que se vai tecendo, para um *raciocínio* que se vai desenrolando sobre ele.

Estes mecanismos, em si e na sua combinatória, parecem-me de natureza amplificadora e esta montagem cumulativa emerge emoldurada por observações do narrador de grande displicência (contrastando com o teor da história e reforçada pela ironia inerente, queiramos ou não, ao próprio nome do cemitério dos Prazeres onde tudo termina).

Assim, ocorre-me encarar "este José Matias" (p. 201) como uma espécie de *exercício reflexivo* ao serviço de uma prática pedagógica protagonizada pelo professor de filosofia.

Por um lado, a história de José Matias poderia *modelizar* uma teoria da relação entre *Espírito* e *Matéria*, como parece insinuar, na conclusão, o narrador ao observar e fazer observar o amante de Elisa a levar flores ao falecido apaixonado:

> Mas, santo Deus, olhe! Além, à espera, à porta da igreja, aquele sujeito compenetrado, de casaca, com paletó alvadio... É o apontador de Obras Públicas! E traz um grosso ramo de violetas... Elisa mandou o seu amante carnal acompanhar à cova e cobrir de flores o seu amante espiritual. Mas, oh meu amigo, pensemos que, certamente, nunca ela pediria ao José Matias para espalhar violetas sobre o cadáver do apontador! É que sempre a Matéria, mesmo sem o compreender, sem dele tirar a sua felicidade, adorará o Espírito, e sempre a si própria, através dos gozos que de si recebe, se tratará com brutalidade e desdém! Grande consolo, meu amigo, este apontador com o seu ramo, para um metafísico que, como eu, comentou Espinosa e Malebranche, reabilitou Fichte, e provou suficientemente a ilusão da sensação! Só por isto valeu a pena trazer à sua cova este inexplicado José Matias [...] (p. 222)

A hipotipose intensifica e manipula a nossa atenção, sublinha a estranheza, como que exige um comentário.

Porém, suspeitando eu que o mais evidenciado, por vezes, dissimula o mais subtil, e tendo frequentemente constatado que Eça alicerça o óbvio e caricatural numa espécie de *modelo de pensamento ou de raciocínio (estrutura descritiva e indutiva)*, seguindo a lição iluminista[154], creio que José Matias (personagem e conto) constituirá um *exemplo* de *como se pode procurar analisar e compreender uma personalidade, uma história, um comportamento*. A figuração antropomórfica gerar-se-ia num discurso de natureza *parabólica*, como acontece na velha e metamórfica tradição da escrita "de proveito e exemplo", em geral (desde as fábulas, às parábolas, às vidas de santos, etc). E a dimensão epistemológica parece-me sinalizada pelo estatuto do narrador, um professor de apaixonado pela Lógica, desmistificador da "ilusão da sensação" (p. 222) e autor de tratados filosóficos que desde logo indica, em jeito de insígnias.

Tudo isso me conduz à tradição que referi no início dos textos estruturados sob a forma de diálogo ou em que ele tem uma importância vital. No primeiro caso, estamos num domínio onde a Literatura e a Filosofia (aqui emblematicamente representada pelo professor) se encontraram, território em cuja linha de fuga estarão os diálogos platónicos (mas também os de Cícero[155] e os de Aristóteles, modelos recuperados e cultivados no Humanismo), dominados pela busca da verdade e pela estratégia pedagógica, mas que contempla, igualmente, a literatura epistolar, tão em voga nos séculos XVIII e XIX. No segundo caso, encontramos, dentre outras, a linhagem da picaresca, com as suas mutações, mas sempre confrontando modelos e antimodelos e com uma dimensão carnavalesca. E, como no conto, o interlocutor do

---

154 Cf. meu estudo *Eça de Queirós Cronista*. Do "Distrito de Évora" (1867) às "Farpas" (1871-72), Lisboa, Cosmos, 1998.

155 Curiosamente, os diálogos de Cícero consagraram, no proêmio, o enunciado das circunstâncias e das coordenadas dos mesmos. De acordo com essa lição, o *incipit* deste conto queirosiano é também o lugar onde se explicam as circunstâncias da sua narração.

professor nunca *fala de fato*, o reivindicado *diálogo* assume a forma de um longo *monólogo*, de velha e abundante tradição dramática e tão caro ao Romantismo. Mais uma vez, diferentes modelos e linhagens convergem na gênese do edifício ficcional...

Este conto constituiria, então, a hipótese de uma reflexão sobre tal tipo de objeto, sugerindo uma *propedêutica* a uma *metodologia de conhecimento*: anotar os fatos, tentar "surpreender" (a palavra é do narrador) os comportamentos, recolher testemunhos e procurar ir tirando ilações. O conto teria, portanto, também uma componente pedagógica, de *modelização do pensamento cognoscente* do leitor. E a estranheza de José Matias derivaria do seu estatuto: à margem do real e do ficcional, embora mantendo o fantasma de outras personagens (o romântico, em geral, e Fradique, em particular), este *exercício* de pensamento não tem, pois, de conduzir a nenhuma conclusão, uma vez que se desenvolve como uma ficção que assim se faz reconhecer...

Ao mesmo tempo, no entanto, "José Matias" também poderia constituir uma proposta modelar autoral (não *a*, mas *uma dentre as*...), gerada na tradição europeia (com Boccaccio, Chaucer, Margarida de Navarra, etc) e nacional (com Gonçalo Fernandes Trancoso, etc), incluindo o contoário popular, e contaminada pela escrita folhetinesca e cronística, proposta sugerindo uma hipótese *de* ou *do conto* queirosiano como narrativa *entre, a partir de* e *em torno de imagens*. Com isso, Eça reconduziria o conto à conjugação de três aspectos essenciais, retóricos: a comunicação entre quem conta e o seu destinatário (valorizando o plano da narração e os seus protagonistas); a pregnância das imagens (capazes de produzir profundo efeito na imaginação do leitor, em especial, os *retratos*); a combinação do discurso sobre as imagens (*ut pictura poesis*) e do discurso entre elas (metonimizador, narrativo). Se o primeiro aspecto justifica a convivialidade bebida na tradição e em gêneros afins (crônica, folhetim, p.ex.), o segundo está na origem da importância do descritivo (com o protagonismo da hipotipose) e o terceiro esclarece a arquitetura textual (balizada e/ou marcada por imagens impressivas).

No fim, José Matias permanece "inexplicado", "talvez muito mais do que um homem – ou talvez ainda menos que um homem" (p. 222), nas palavras do professor, irônicas, se as entendermos de acordo com estas últimas hipóteses de leitura compactadas num *nome-título* ambiguizador do estatuto de qualquer dos termos que o constitui: uma *personagem-modelo epistemológico* (José Matias) ou um *modelo contístico* ("José Matias").

2. *Segundo diário*: "O Silêncio" (1966)
de Sophia de Mello Breyner Andresen[156]

Primeiro dia
A primeira impressão da leitura do conto é a de que nele se narra um episódio da vida de Joana.

Narrativa fortemente informada de descrição, o conto "O Silêncio" (1966)[157], de Sophia de Mello Breyner Andresen, parece sintetizar e exprimir a vida de uma personagem, Joana, através de um quotidiano dominado pela rotina das suas tarefas domésticas.

Tripartido, nele se sucedem três momentos completamente diversos: o das tarefas domésticas de Joana, o do "grito" que a perturba e o do silêncio subsequente. Momentos com enquadramentos que conferem ciclicidade ao texto: o da interioridade da casa, o da exterioridade da rua observada da janela e, de novo, o da interioridade doméstica da casa.

"O silêncio" anunciado pelo título atravessa e modula todo o universo diegético, vivendo a *metamorfose* que o conduz da tranquilidade, passando pela estranheza da limpeza obsessiva de Joana, à inquietação "atenta" (primeiro momento ficcional), ao contraste contrapontístico com "o grito" (segundo momento) e, deste, à sua manifestação "opaco e sinistro" (p. 54). Protagonista metamórfico, acaba por se tornar equivalente do universo ficcional e da escrita em que este se gera, insinuando-se como instância

------

156 Andresen, Sophia de Mello Breyner. "O Silêncio" (1966). In: *Histórias da Terra e do Mar*, 7. ed., Lisboa, Texto Editora, 1994, p. 45-55.
Dediquei já a este conto alguma atenção, que sintetizei no capítulo "Munch, Sophia e Rui Nunes: quando o grito ecoa" do volume II de *No Fundo dos Espelhos. Em visita*, p. 209-242. Originalmente, os ensaios foram: Annabela Rita. "Quando o grito ecoa no silêncio", *Românica* (8), Lisboa, Departamento de Literaturas Românicas da Faculdade de Letras da Universidade de Lisboa, 1999, p. 131-142 (também em separata); "Entre o grito e o silêncio, em exaltação e espanto de Sophia de Mello Breyner. De Sophia a Rui Nunes", *Faces de Eva. Estudos sobre a Mulher* (n.º 11), Lisboa, Centro de Estudos sobre a Mulher, 2004, p. 89-104.

157 Andresen, Sophia de Mello Breyner. "O Silêncio (1966). In: *Histórias da Terra e do Mar*, 7. ed., Lisboa, Texto, 1994, p. 45-55.

em que se projeta e se duplica o sujeito de escrita no seu trabalho de elaboração estética, arquitetônica, escultórica, plástica, enfim:

> O silêncio *desenhava* as paredes, cobria as mesas, *emoldurava* os volumes, *recortava* as linhas, *aprofundava* os espaços. Tudo era *plástico* e vibrante, denso da própria realidade. O silêncio como um estremecer profundo percorria a casa. (p. 48, itálicos meus)

Animizado, protagonista e autoral, esteticizante, o silêncio emoldura, com a *litera* que o descreve, o pictórico que nela vai inscrevendo. O "estremecimento profundo" denuncia a progressão do encontro entre os discursos, os imaginários: o do conto e o do quadro, o de Sophia e o de Munch.

O discurso cria, retoricamente, a *moldura* para o narrativo, investindo esse mesmo *silêncio* de uma transformação preparatória: "O silêncio era agora maior. Era como uma flor que tivesse desabrochado inteiramente e alimentasse todas as suas pétalas" (p. 49).

E vai dirigindo a minha atenção e a de toda a realidade ficcional para um *acontecimento* que, a um tempo, anuncia, protela e centra: "As coisas pareciam atentas. E a mulher que lavara a loiça procurava o centro dessa atenção". (idem)

Até que acontece "o grito", também ele central, metamórfico ("Um longo grito agudo, desmedido. Um grito que atravessava as paredes, as portas, a sala, os ramos do cedro", p. 51), e colocado *em perspectiva* pelo olhar de Joana através da "janela", triplamente emoldurado, portanto: pelo silêncio, pela janela e pelo campo visual de Joana.

Depois, regressa "o silêncio", "opaco e sinistro", enquadrando uma personagem igualmente transformada pelo acontecimento:

> "Joana voltou para a sala. Tudo agora, desde o fogo da estrela até ao brilho polido da mesa, se tinha tornado desconhecido. Tudo se tinha tornado acidente absurdo, sem ligação, sem reino. As coisas não eram dela, nem eram ela, nem estavam com ela. Tudo se tornara alheio, tudo se tornara ruína irreconhecível.

E, tocando sem os sentir o vidro, a madeira, a cal, Joana atravessou como estrangeira a sua casa". (p. 55)

Segundo dia
A semelhança entre a ficção e a realidade portuguesa datada pelo e no texto (1966) e os motivos emblemáticos da repressão (prisão, muro, rua, noite, silêncio, do grito reprimido ao uivo, etc) insinuam a suspeita de uma outra dimensão semântica: a da denúncia do status quo *de Portugal anterior ao do 25 de Abril de 1974.*

A data de escrita do conto, 1966, e a coincidência entre o esquema acional e o quotidiano da sociedade portuguesa de então, marcado pela repressão política, sensibilizam-me a outra dimensão significativa do conto: a de denúncia dessa situação, com a crítica ao poder e a expressão da angústia da comunidade. A Ética subsumindo-se na Estética, como o proclamava Sophia, interventiva...

Terceiro dia
A emblematicidade simbólica dos motivos da repressão (prisão, muro, rua, noite, silêncio, do grito reprimido ao uivo, etc) insinuam a suspeita de uma dimensão universal, parabólica: a da denúncia da repressão política em qualquer sociedade, em qualquer tempo.

No entanto, os motivos da repressão têm uma referencialidade indefinida: prisão, muro, rua, noite, silêncio, grito, etc dizem-nos de *uma* cidade nunca identificada. Essa indefinição confere à sua simbólica universalidade: o episódio encena, em jeito de parábola, uma hipótese existencial[158] de qualquer sociedade, em qualquer tempo, em qualquer lugar...

Quarto dia
Além disso, o simbolismo da estrutura tripartida e contrastiva do conto insinuam a suspeita de um outro nível de

---

158 Milan Kundera, n' *A Arte do Romance*, distingue o romancista do historiador, dizendo que ele "não examina a realidade, mas sim a existência", acrescentando:

E a existência não é o que se passou, a existência é o campo das possibilidades humanas [...]. Os romancistas elaboram o mapa da existência ao descobrir esta ou aquela possibilidade humana. Mas [...]: existir significa: 'estar-no-mundo'. É preciso, portanto, compreender quer a personagem quer o seu mundo como possibilidades.

Um romancista não é nem um historiador nem um profeta: é um explorador da existência. (*A Arte do Romance*, Lisboa, Dom Quixote, 1988, p. 58 e 60).

significação ainda: o de que o episódio da vida de Joana evidencie um conhecimento do universo e um itinerário para aceder a ele.

A dimensão simbólica do episódio sugere-o como *representação* de um itinerário de perda da inocência na compreensão/percepção da vida: da convicção do *paraíso existencial* à de consciência de que a *vida* integra o *sofrimento* e a morte. Conhecimento protagonizado emblematicamente pelo anjo da *Melancholia I* (1514) de Dürer, sofrimento expresso nesses *pathos* que a Arte arte tem simbolizado diversamente na *linhagem* das *Pietàs* (de Miguel Ângelo, 1499, e tantos outros), dos Lamentos, dos *Requiems*, dos *memento mori* (*vanitas*, *danças macabras*, naturezas mortas, etc), dentre outras.

E, nessa Joana que, após o regresso do silêncio, mas "opaco e sinistro", "atravess[a] como estrangeira a sua casa" (p. 55), evocando a problemática existencialista equacionada por Albert Camus (*L'Étranger*, 1942) e tantos outros, creio reconhecer-me também a mim, leitora, a reler agora o texto, a reinterpretá-lo em função do que evoquei...

> *Quinto dia*
> *O reconhecimento da quase coincidência entre a descrição do grito ficcional (conto de Sophia) e a do que está na origem do pictórico (quadro de Munch) impõe a relação interdiscursiva de um com o outro, mas também convoca toda uma linhagem estética a que aquele deu origem.*

A meio da estrutura ficcional de "O Silêncio", de Sophia, o seu centro nevrálgico[159], abre-se "uma fenda" na unidade do universo para e evocação intertextual: "o grito" (atente-se no artigo definido precedendo esta primeira ocorrência do substantivo), "um longo grito agudo, desmedido" (p. 51) e "o rosto torcido e desfigurado" (p. 52) da mulher lembram irresistivelmente os

---
159 Sobre a pregnância semântica do centro, cf. Rudolf Arnheim. *O Poder do Centro*, Lisboa, Edições 70, 1990.

seus correspondentes pictóricos[160] d' "O grito" (1893), de Edvard Munch[161]. O discurso literário convoca outro, o pictórico, cuja alteridade faz reconhecer no seu "tecido", mesmo quando o assimila. Isto, mesmo quando o evocado é substancialmente modificado, como acontece neste caso (em vez da ponte, da figura solitária e do rio, p.ex., passamos a ter a rua, o par e a cidade), e desde que o reconhecimento seja possível. Porque ela "gritava como se quisesse atingir um ausente" e "acordar um adormecido" (p. 54), como que desejando abalar-me a ponto de estimular em mim a memória obrigando-me a recordar *O Grito* (1893), de E. Munch.

Colocado, assim, *em perspectiva*, o quadro de Munch deixa de ser um simples *objeto* para se tornar *acontecimento* (até pela deformação dessa imagem original), captando muito mais eficazmente a minha atenção, pois "a dinâmica é a própria essência da experiência perceptiva"[162]. Desse modo, o conto afirma uma *relação cognoscente e estético-cultural* com o quadro e, mais ainda, denuncia essa relação como uma força exercida no seu próprio desenvolvimento.

Em perspectiva, também adquire *monumentalidade*, insinuando a homenagem ou a inscrição na *linhagem* estético-cultural da modernidade: agónica, depressiva, decadente. Linhagem que encontra emblemáticas figurações n' *O Grito* (ca. 1898) de Rodin ou n' *A Mulher a chorar* (1937, múltiplas versões), de

••••••••••••••••••••

160 É quase irresistível a evocação de uma passagem do diário de Munch que faz lembrar a cena do quadro de 1893, do qual existem múltiplas versões:
Eu estava a passear cá fora com dois amigos e o Sol começava a pôr-se – de repente o céu ficou vermelho, cor de sangue –. Eu parei, sentia-me exausto a apoiei-me a uma cerca – havia sangue e línguas de fogo por cima do fiorde azul-escuro e da cidade – os meus amigos continuaram a andar e eu ali fiquei, em pé, a tremer de medo – e senti um grito infindável a atravessar a Natureza. (cit. por Ulrich Bischoff. Munch, Lisboa, Taschen, s.d., p. 53, itálicos meus) As descrições de Sophia e de Munch assemelham-se de modo incontornável: "Um longo grito agudo, desmedido. Um grito que atravessava as paredes, as portas, a sala, os ramos do cedro". (p. 51) faz ecoar "um grito infindável a atravessar a Natureza".

161 Referir-me-ei ao quadro de 1893, do qual existem múltiplas versões.

162 Arnheim, Rudolf. *Arte & Percepção Visual. Uma Psicologia da Visão Criadora*, 2. ed., S. Paulo, Livraria Pioneira Editora, 1984, p. 409. Cf. também sobre este assunto p. 363-400.

Picasso, que nela ensaiou diferentes estudos para uma das figuras do seu *Guernica* (1937).

> *Sexto dia*
> O reconhecimento, *no conto, da centralidade de um dos motivos, imagem nuclear na História de Arte Ocidental (a janela), na maiusculação da Arte, faz-me pensar que também será possível encará-lo como uma espécie de* lugar onde se inscreve esse padrão estético: a perspectiva.

A meio da estrutura de "O Silêncio", o seu motivo e centro nevrálgico abre "uma fenda" na unidade do universo, mas também nesse universo da unidade que constitui o próprio texto, fator que é de evocação intertextual:

> Foi então que se ouviu o grito. (p. 51)

> Um longo grito agudo, desmedido. Um grito que atravessava as paredes, as portas, a sala, os ramos do cedro. (p. 51)

> [...] o rosto torcido e desfigurado [da mulher] (p. 52)

A "fenda" parece tornar-se também *metáfora do procedimento citacional*, pelo qual um discurso convoca outro (abre-se-lhe, cria espaço para ele) cuja alteridade faz reconhecer no seu 'tecido'. Isto, mesmo quando o evocado é substancialmente modificado, como acontece neste caso (em vez da ponte, da figura solitária e do rio, p.ex., passamos a ter a rua, o par e a cidade), e desde que o reconhecimento seja possível.

Em suma, o discurso dirige o meu olhar, simulando acompanhar a observação da personagem Joana, que institui como ponto de vista organizador da experiência perceptiva, responsável por destacar e hierarquizar o perceptível em função do par "figura" e "fundo" (portanto, de *criar* o seu próprio *objeto representando-o* como *uma parte* de uma suposta realidade), oferecendo-mo, *emoldurando-mo*.

Criada a *moldura* e *multiplicada* por *níveis perceptivos* (da janela, do olhar, da escuta e do discurso em que todos estes se vertem), a arquitetura ficcional *coloca em perspectiva* o objeto "grito", distribuindo por esses *níveis de intelecção* diferentes *hipóteses interpretativas*, distinguindo-as e demonstrando como as sobrepõe: as que estamos a perscrutar e outras que não nos ocorrem...

Em suma, o conto encena, na estrutura efabulativa, a equivalência processual entre citação e perspectiva: abertura, recorte, seleção, convocação e integração. *Ut pictura poesis...*

Sétimo dia
Então,
eis-me a expandir a ideia da museologia de uma memória íntima *deste conto à da imbricação de uma* interdiscursividade textual *numa* intermedialidade estética ocidental.

Neste texto, como no *objeto artístico*, em geral, certos momentos textuais *insinuam* e/ou *sublinham imagens* que me fazem evocar *também* outros autores e discursos estéticos, *reconhecer outra memória*, que excede a obra lida e a do próprio autor, mas que a esclarece e lhe confere maior densidade. Memória textual em que semicoincidem, *sobreimprimindo-se*, a autoral, a(s) do(s) leitor(es) efetivo(s) e potencial(is)...

Fazendo-o, da "janela" ao "grito", reconheço a síntese icônica e simbólica de um longo itinerário artístico, da história da Arte desde que ela se *maiusculou* (Renascimento) até à altura em que parece declinar no questionamento da sua *sobrevivência* ou *morte*. Referências fundamentais. Da sua inteireza e *esplendor* à sua fragmentação e *opacidade*, da *luz* às *sombras*. Ciclo da Estética Ocidental. Tudo *observado* e colocado *em perspectiva* pela contemporaneidade representada por Joana, projeção possível da figura autoral, mas também do leitor, lugar fusional dessa dupla *em diferido*.

3. *Terceiro diário*: "A Casa do Mar" (1970)
de Sophia de Mello Breyner Andresen[163]

Primeiro dia

A primeira impressão da leitura do conto é a de que ele desenvolve a descrição de uma casa na praia, descrição narrativizada por um itinerário de visita que nos conduz até ela e através dela. Uma longa hipotipose conforma essa experiência.

"A casa está construída na duna e separada das outras casas do sítio. Esse isolamento cria nela uma unidade, um mundo": assim começa o conto de Sophia de Mello Breyner Andresen. E assim procede o discurso: recorta "a Casa do Mar" no espaço dos possíveis, isola-a, circunscreve-a e faz-nos conhecê-la.

O conto impõe uma progressão no conhecimento da casa do mar através de uma *visita* a que obriga o leitor. Essa visita, forma quotidiana de inscrição do indivíduo no espaço de outrem, configura a viagem como modelo do processo de conhecimento e revela que este evolui

- na familiaridade crescente entre observador e observado. O objeto é *contornado* e *percorrido*, percurso que conduz da *impressão* ("uma unidade, um mundo", p. 59) à *impressão* ("tudo *parece* intacto e total", p. 72) e que esclarece, reforça, confirma, argumenta e demonstra o intuído inicialmente;

- na percepção também crescente dos nexos entre o objeto a conhecer e o que o rodeia;

---
163 Andresen, Sophia de Mello Breyner. "A Casa do Mar" (1970). In: *Histórias da Terra e do Mar*, Lisboa, Texto Editora, 1994, p. 57-72. Este texto é uma versão do meu ensaio *"A Casa do Mar", de Sophia – diário de leitura*. In: Margarida Braga Neves e Maria Isabel Rocheta (coord.). *O Domínio do Instável. A Jacinto do Prado Coelho*, Porto, Edições Caixotim, 2008, p. 315-339.

- na ponderação das diferentes perspectivas possíveis desse mesmo objeto;

- na elaboração subjetiva do percepcionado. Destaco, em especial, a narrativização do descritivo e o modo como o efabulatório se desenvolve a partir do procedimento comparativo.

Vejamos, pois, como em "A Casa do Mar" se adquire e se comunica o conhecimento da casa sob a forma de *visita*.

Antes de mais, o presente do indicativo cria um efeito de *vivência da progressão do conhecimento* em conjunto pelos sujeitos de escrita e de leitura, promovendo a empatia do leitor que se sente a participar de um processo *in progress*. O tempo verbal está estrategicamente ao serviço de um *eu* habitante da casa que apenas uma vez se assume: "Quando abro as gavetas a minha roupa cheira a maresia como um molho de algas". (p 62, itálicos meus)

Ao longo do texto, esse *eu* dissimula-se cedendo o lugar a um *outro* suposto vocacionado para lugar funcional do leitor, no qual este será mobilizado pelos verbos, como observarei adiante.

O *definido* enunciado no título ("a casa") exige a sua própria *definição* pelo discurso, definição que passará por várias etapas.

A primeira etapa desse processo de definição é, naturalmente, aquela em que se designa e se nomeia o objeto, fundando-se um pacto de conhecimento entre um iniciando e um iniciado-guia.

Depois, esboça-se o primeiro contato com o ambiente: a primeira impressão tende a concretizar-se pela *enumeração* dos elementos que enquadram e compõem a fisionomia da casa.

A terceira fase é a da definição da natureza da casa do mar ("A casa está construída", "A casa é construída", p. 59), do material de que é feita e da sua localização. Erigida "a partir do fundamento" (*OP* III, "A casa térrea", p. 206).

A quarta etapa é a da descrição da casa do mar. Complexa e sistemática.

A descrição tem uma função arquitetônica: erige a casa do mar. E fá-lo de dois lugares possíveis de observação: de fora e de dentro. A exterioridade desdobra-se para nos fazer penetrar no que delimita, na interioridade complementar.

Inicialmente, o olhar do narrador e o do leitor percorrem o exterior, a fachada. Também o que a rodeia e a enquadra. Neste caso, primeiro, a sua delimitação é objetiva, orientada pelos pontos cardeais:

> A norte, a leste e a sul o jardim é limitado por três muros toscos feitos de calhaus de granito sem reboco. [...]
>
> No lado poente, [...] o jardim avança pela duna e confunde-se com a praia [...]. (p. 60-61)

O efeito é o de certa neutralidade focal: a casa é *cartograficamente* inscrita na terra. Mas já então começam a esbater-se-lhe os contornos como resultado dinâmico da *animização* ("jardim avança", p. 61).

E como o arquitetônico, de acordo com Bruno Zèvi, é fundamentalmente o espaço susceptível de ser experienciado, também aqui se verifica a *subjetivização progressiva do descrito* devido a três fatores. Um dos fatores é a introdução da *perspectiva*, efeito obtido por "graduação" de planos sucessivos ("jardim avança" até à praia, "Dali se avista", "entre a casa e a cidade... estende-se...", p. 61). Outro fator é a *impressão visual*, pois o visível altera-se devido à variação das condições de visibilidade, tornando-se esfumado ou nítido de acordo com o nevoeiro ou a luminosidade:

> O seu [, o contorno da cidade,] esfuma-se um pouco nas névoas marítimas [...]. Porém, em certos dias, a cidade de repente torna-se extremamente nítida e concisa, quase geométrica, e vê-se claramente a torre aguda e fina da igreja. (p. 61)

O último fator é a elaboração *comparativa* que denuncia movimento no plano da imaginação e que o provoca no leitor.

A descrição tem igualmente uma *função vivenciadora*: faz o leitor visitar a casa realizando um trajeto de apropriação desse espaço segundo protocolo familiar. Tudo porque o narrativo conforma o descritivo. Por um lado, devido ao fato de o narrativo favorecer um *ordenamento* do descritivo, por outro, porque ele seduz o leitor com a possibilidade de um *acontecer* (anúncio de aventura). E o narrativo conforma *ficcionando*: criando uma história imaginária do conhecimento da casa (a visita), contamina esta com a ficcionalidade da outra.

Passamos de uma impressão geral a um percurso aparentemente des-subjetivado pelo indefinido *modelizado* como um *olhar-*'câmara' que resolve a tensão descritiva entre abstração necessária e concretização acessibilizadora ("Quem entra [...]", "se", etc). Esse olhar conduz do geral ao particular, ao pormenor, orientando-se segundo as coordenadas *dentro/fora* (a visão do exterior obtida do interior da casa, p.ex.), es*querda/direita*, *aqui/ali*. Por um lado, esse 'ponto focal' é legitimado pelo protocolo da situação de visita e instala-a incontornavelmente. Mais do que isso, o olhar-'câmara' revela-se estratégico, elaborando uma espécie de possível ocular disponível para que o leitor nele se inscreva e por ele observe, como um codificador ou simulador da percepção:

> Quem sai do quarto do fundo e espreita pela janela do corredor que dá para o pátio das traseiras vê, lá fora, os dois perdigueiros que erguem a cabeça quando alguém, com o nó dos dedos, para os chamar, bate nos vidros. (p. 69)

Também vivenciador é um claro investimento de subjetividade através do procedimento *comparativo* e *efabulatório* que demonstra uma subjetividade em funcionamento ("[...] como se [...]", "[...] parece [...]", p. 68). Comparar e efabular revela um *eu* eminentemente ativo que força o leitor a acompanhar o movimento associativo do discurso com o seu próprio esforço imaginativo.

Na descrição da casa, o espaço é "temporalizado", investido da dimensão que o dinamiza e o torna vivido. Essa "temporalização" do espaço realiza-se por duas vias complementares, "exógena" e "endógena". No primeiro caso, as informações temporais são objetivas e inscrevem a casa num espaço que a excede e independe dela: "É ali que, nas noites de vento sul, incide com mais força o clamor do temporal. Então, às vezes a janela abre-se de repente [...]". (p. 69)

No segundo caso, a temporalidade é filtrada por uma vivência suposta, o já referido olhar-'câmara', com imagens como: "Uma nuvem de fumo azul sobe muito lentamente". (p. 67)

Deste modo, a descrição narrativizada pela encenação do olhar-'câmara' faz o leitor sentir-se a percorrer a casa do mar à medida que a vai imaginando e do modo mais habitual, ou seja, em visita simulada. Na nossa imaginação, a casa do mar adquire contornos, volumetriza-se, multiplica-se, temporaliza-se, envolve-nos, é vivida por nós, leitores. Atravessamo-la emocionalmente como a um labirinto, pressentimos-lhe o "antro" (a cozinha), descobrimo-la passo a passo, através dos corredores, das escadas, das portas, das aproximações às janelas. E um olhar em movimento transmite-nos, naturalmente, um *visível* também em *movimento*: em vez da imagem coesa de uma completude, o discurso oferece-nos uma sucessão e uma multiplicidade de imagens que vamos tendo dificuldade em *compactar* numa mesma. Como sempre acontece no processo de conhecimento de um *outro*...

A ciclicidade do texto é balizada por duas percepções distanciadas do objeto do conhecimento, percepções a cujo enunciado os deícticos "esse" (p. 59) e "ali" (p. 72) conferem apresentacionalidade. Entre a moldura que esses deícticos sugerem, o texto parece ser expansão discursiva que explica e desenvolve o que o artigo definido sintetiza ("A Casa do Mar") e também fundamenta e justifica o nexo entre *casa* e *mar* consagrado no título. Ao longo do texto, a quase neutralidade e o distanciamento iniciais do sujeito de escrita cedem lugar à aproximação cognoscente, à intimidade progressiva favorecida pela descrição narrativizada e esta, ao distanciamento já intelectualmente elaborado. A comparação final retoma conclusivamente outras que revelam o investimento cognoscente do sujeito.

No conto, a *comparação* revela simultaneamente o esforço cognoscente do sujeito, a sua dificuldade em exprimir a impressão (do domínio do indizível) e o desejo de a comunicar: a *descrição* do objeto surge como recurso para resolver essa tripla dificuldade, pois d*escrever* é *fazer ver* de determinada maneira, portanto, *fazer conhecer, partilhar* com o leitor.

Em suma, "A Casa do Mar" é um texto que impõe ao leitor um processo de aquisição de conhecimento muito especial: a *litera* orienta uma apropriação vivenciada, imaginativa, do *a conhecer* como modo de elaboração intelectual conduzindo, finalmente, ao conhecimento pleno, a um tempo racional, intuitivo e emocional.

> *Segundo dia*
> *A extrema dificuldade em desenhar, mesmo mentalmente, uma planta da casa, embaraçada pela multiplicação dos pormenores e pelo percurso algo labiríntico (sugerindo-se labirinto de vias múltiplas), mas também pela indecisão de contornos dos objetos e das fronteiras entre os espaços, insinua em mim a* dúvida *relativamente a esta hipótese analítica. Nessa altura, o texto vai ao encontro da minha* suspeita *e confronta-me com duas possibilidades interpretativas, infirmando a primeira e legitimando a segunda. E a visita conduz-me, assim, a um patamar de conhecimento onde ele se distingue, justifica e legitima:*
>
> Quem nas janelas do corredor olha para fora e vê o muro de granito, as árvores na distância e os telhados a oeste, aquilo que vê aparece-lhe como um lugar qualquer na terra, como um acidente, um lugar ocasional entre o acaso das coisas.
>
> *Mas* quem do quarto central avança para a varanda e vê, de frente, a praia, o céu, a areia, a luz e o ar, reconhece que nada ali é acaso mas sim fundamento, que este é um lugar de exaltação e espanto onde o real emerge e mostra seu rosto e sua evidência. (p. 71, itálico meu)

Então:
A citação faz-me conceber nova hipótese interpretativa: a de que a casa seja uma imagem que me faz realizar um percurso iniciático até ao reconhecimento de uma unidade universal, uma íntima relação entre tudo, relação que o próprio título consagra, evidenciando a pertença, e que o conto demonstra, concretizando a nexologia simbólica entre o micro e o macro.

Os dois tipos de conhecimento são, pois, simbolizados pelas molduras que os delimitam: a *janela* e a *varanda*.

Com a janela, evoca-se toda a problemática renascentista da *perspectiva*, com tudo o que ela implica de racionalização do conhecimento, paradoxalmente hesitante entre a objetividade da geometria e a subjetividade da observação, entre a infinitude sabida e a finitude experimentada, entre a inquietação do vazio em ponto de fuga e a tranquilidade do pleno em planos sucessivos.

Com a varanda, é já a modernidade estética, reivindicando a subjetividade e a variação perspética (Berthe Morisot, Whistler, Mary Cassat, Caillebotte, Merritt Chase, etc), que se evoca, balizada entre os emblemáticos *Majas na Varanda* (ca. 1808-12), de Goya, ou *A Varanda* (1868-69), de Manet, e o paródico *Perspectiva II: A varanda de Manet* (1950), de Margritte, mas também o gráfico *Varanda* (1945), de Escher.

Ambas enquadram, no entanto, o olhar perspético dirigido de uma interioridade limitada para um espaço envolvente ilimitado. No caso, sendo os dois espaços reflexos um do outro, posso encarar a janela e a varanda como o fiz já relativamente a outros textos da autora (em especial, "O Silêncio"): figurações da *citação* revelando o diálogo intertextual subsumido no signo poético da modernidade estética.[164]

---

164 Cf., além do ensaio citado atrás, "Quando o grito ecoa no silêncio", Românica (8), Lisboa, Departamento de Literaturas Românicas da Faculdade de Letras da Universidade de Lisboa, 1999, p. 131-142 [também em separata].

Da janela à varanda, porém, o trajeto está declaradamente condicionado pela *anamorfose*, que me impõe a exclusividade de um ponto focal, exatamente o segundo, fazendo-me avançar relativamente ao plano e às possibilidades da janela. Aí, então, é a libertação, emergindo eu da esquadria anterior e conquistando com esse movimento uma visão de grande angular, confronto com o ilimitado, com o real "intacto e total", cujos sinais persegui em suspeita e ânsia ao longo da leitura: o Belo, enfim, em qualquer das suas manifestações, da Natureza à Arte e ao Conhecimento.

Avanço, pois, para a varanda sobre o universo.

O discurso de "A Casa do Mar" privilegia um procedimento cognoscente de natureza metonímica conduzindo à revelação do sagrado: a descrição narrativizada *contigua* os elementos constitutivos da casa, favorecendo um efeito de continuidade até entre os mais estruturais (divisões, etc) e os mais conjunturais (objetos). A *proximidade* toma-se assim fator do progresso do conhecimento. E o que é válido no *real* simbolizado na casa também o é no *mental* metaforizado por ela: refiro-me ao movimento associativo do próprio pensamento, movimento retoricamente evidenciado aqui, em especial, pela comparação e pela efabulação. No *real* como no *mental*, portanto, a *relação* tudo fundamenta.

A descrição opera *deslizamentos* entre os dois espaços que o título enuncia, conecta-os, contiguando o interior e o exterior (casa/praia), repercutindo um espaço no outro. Casa e mar interpenetram-se e o sujeito (o de escrita e o de leitura) tem um papel nuclear nessa relação, pois é através dele e da sua vivência sensorial dos espaços que eles se continuam um no outro pelos sons, pelos odores, pelos reflexos e por tudo o mais que os sentidos possam captar:

Dentro de casa o mar ressoa como no interior de um búzio
[...] (p. 62)

Por cima da cómoda há um espelho onde se vê o mar.
(p. 66)

> [...] um quarto grande e comprido [...] e todo atravessado pela luz que vem do mar. (p. 67)

> [...] e o cheiro das flores selvagens da duna passa através da casa. (p. 69)

> Nas paredes brancas reflecte-se uma grande claridade de areal e o sabor a algas [...] invade todos os espaços, gavetas, armários, roupas, caixas, livros. (p. 70)

Os limites entre ambos os espaços são claramente indefinidos: "[...] o jardim avança pela duna e confunde-se com a praia [...]". (p. 61)

A casa-búzio é a imagem possível da inteireza primordial, figura miniaturizada da nostalgia, da evocação, da concretização...

De tal modo são vitais os nexos entre os dois espaços que a indefinição das suas fronteiras chega a configurar-se como zona metamórfica, onde a natureza daquilo que os relaciona (som, luz, odor, etc) se torna instável, onde os estímulos adquirem mutabilidade:

> Aqui de manhã, se é acordado por um marulho de vaga e o dorso do mar coberto de brilhos cintila entre as persianas como um peixe na rede. O fulgor exterior assedia as orlas da penumbra.
>
> No centro vazio do quarto pode-se dançar. Os gestos deslizam entre o animal e a flor como medusas. (p. 70)

Essa contiguação dos espaços exprime na comunicação entre eles a plenitude-completude de uma natureza arquetípica e de uma relação humano/natural que a casa-mar consubstancia.

O conto promove no leitor, por via retórica, um trajeto de conhecimento que se inicia no intuído e que passa pelo emocionalmente vivido, imaginado, para se concluir numa espécie de súbita revelação do sagrado ("o real emerge e mostra o seu rosto e sua evidência", p. 71). Iniciação esotérica. Essa revelação que subitamente atinge o sujeito cognoscente com o esplendor da sua nitidez é, aliás, a que a poesia de Sophia também tematiza, como podemos observar, p.ex., no poema "As Ilhas do volume *Navegações*, simbolizada e concretizada na brusca visão das ilhas:

> Então surgiram as ilhas luminosas
> De um azul tão puro e tão violento
> Que excedia o fulgor do firmamento

O último parágrafo do conto assume esse percurso cumulativo abrindo com uma conjunção que confere conclusividade e consequencialidade ao que lhe sucede: "E tudo parece intacto e total como se ali fosse o lugar que preserva em si a força nua do primeiro dia criado". (p. 72)

Este fecho retoma e reescreve significativa e ciclicamente a intuição inicial do sujeito de escrita que apenas uma vez assume a primeira pessoa, centro nevrálgico de um discurso cuja subjetividade permanentemente se camufla num indefinido suposto que modeliza a leitura. O *eu* parece oficiar o conhecimento de um ponto de fuga que a luz apenas deixa vislumbrar, situação de ritual que a imagística deixa entender e discurso tomado hierático pela omissão do artigo definido antes do possessivo:

> No subir e descer da vaga, o universo ordena seu tumulto
> e seu sorriso e, ao longo das areias luzidias, maresias e
> brumas sobem como um incenso de celebração. (p. 72)

Estratégica pedagogia do conhecimento que tende a absolutizar, pela partilha, um saber à partida individual...

Esse *eu* seria, então, uma instância a um tempo *retórica* e *religiosa*. Retórica, porque, princípio organizador do discurso, fator racionalizador garantindo a sua inteligibilidade. Religiosa, porque cumpriria a função de *religare*, de unir.[165] Esse *eu* promove, assim, discursivamente, a ligação entre casa e mar (no espaço), escrita e

----
165 Clara Rocha analisa esta questão no texto "Sophia de Mello Breyner Andresen: poesia e magia" publicado na *Colóquio-Letras* (p. 132-133), Lisboa, F. Calouste Gulbenkian, Abril-Setembro de 1994, p. 165-182.

leitura (no tempo), criando a síntese mágica das coordenadas espacial e temporal no *templo* "A Casa do Mar" eregido pela palavra, vivido na comunicação e insularizado pelo branco tipográfico no livro. Por isso, como já disse, esse *eu metonimiza* tudo, procede religando tudo (casa *do* mar, etc), criando inteireza e coesão em nostalgia do estado primordial[166] que procura *recompor*.

Terceiro dia
Esta hipótese de leitura confirma-se na análise, no entanto, confronto-me com a incontornável semelhança entre este texto e a restante obra, fato que me faz lê-lo num regime de leitura em reconhecimento, não apenas no plano geral, mas também a nível do pormenor.

Então:
O reconhecimento, *no conto, de motivos e imagens de outros textos de Sophia promove em mim a ideia de que também será possível encará-lo como uma espécie de síntese estética onde se inscrevem insígnias autorais numa espécie de museologia identitária: a memória íntima da obra da poeta subsume-se nele e conforma-o.*

A visita conduziu-me, pois, a um patamar de conhecimento onde ele se distingue, desdobra e afirma a sua *polivalência*, mas valoriza o segundo tipo de conhecimento, o que, na citação acima, é introduzido pela adversativa.

Sendo a percepção exclusivista, apesar de diferentes tipos de conhecimento (desde o casual e comum, da experiência quotidiana, até ao fundamental e extraordinário, da experiência 'epifânica') serem possíveis, contradizem-se: "A Casa do Mar" é, em simultâneo, *objeto* e *via* ambíguos, potenciando tipos de leitura correspondentes, tipos de leitores, e, mais ainda, fazendo alguns gerarem iniciaticamente outros através do reconhecimento de citações, mesmo na versão mais eufemística da alusão ou evocação.

....
166 Estado que Sophia evoca na *Obra Poética*:
Exilámos os deuses e fomos
Exilados da nossa inteireza.
(*Obra Poética*, III, Lisboa, Caminho, 1991, p. 220).

Se a *literalidade* do primeiro nível de conhecimento (da descrição de uma casa) conduz o leitor a dificuldades no traçado de uma eventual planta da casa que alertam já para a ilusão de tal pista de leitura, a familiaridade de algumas imagens provoca um efeito de vago reconhecimento, de *déjà vu*, que favorece o questionamento, a indagação, a investigação na memória de leitura. Busca que se radica numa afirmação fundamental: tudo é "como se [...] fosse outra coisa". (p. 65)

Tudo isso confere à *casa do mar* "transparência ambígua" (*OP* III, 121), tornando-a "lugar de convocação [...]/ Onde do visível emerge a *aparição*" (*OP* III, 341, itálico meu). E essa *aparição* será de imagens identitárias, reveladoras de Sophia, em *sobreimpressões*.

Reconheço agora a casa transbordante de evocações que a cifram e em que se legitima esteticamente, qual "laguna onde se espelham/ Narcísicos palácios cor-de-rosa"[167], como a poeta afirma em "Memória", assumindo marcar-lhe o "1º Andamento" poético:

> Mimesis. E vós Musas filhas da memória
> De leve passo nos cimos do Parnaso
> Suave a brisa – a fonte impetuosa
> Princípio fundamento rosto-início
> Espelho para sempre os olhos verdes
>
> As longas mãos as azuladas veias[168]

Memória que invoca e interpela:

> És quem desliza e canta à flor da água
> Música e água é tua voz para mim[169]

---

167 Andresen, Sophia de Mello Breyner. *Musa*, Lisboa, Caminho, 1994, p. 34.
168 Idem, p. 16.
169 Idem, p. 33 ("Childe Harold – Canto Quarto").

Memória atentamente escutada:

> Por entre clamor e vozes oiço atenta
> A voz da flauta na penumbra fina[170]

Tudo, na descrição da casa do mar, desde ela mesma aos jardins que a rodeiam e prolongam até ao mar, aos objetos que a povoam e aos retratos que a denunciam habitada por uma figura esquiva, tudo lembra outros textos, desde os poéticos aos da sua "Arte Poética". Os títulos dos poemas bastariam para o sugerir.

E é essa memória que me convida a perscrutá-la, visitando-lhe a galeria *íntima*, as insígnias identitárias sucessivamente expostas, revisitando esta *casa*-búzio onde outro mar também ressoa, demorando-me mais do que previra à entrada...

Em primeiro lugar, o conto define, através da interdiscursividade, um ponto de fuga onde configura um *eu* poético, matriz de uma poética e de um imaginário, que sugere coincidente com a *pessoa* de Sophia. Tudo começa com a autocitação, a coincidência entre "A Casa do Mar", onde a sala dominada pelas fotografias que "estabelecem, dentro do tempo, outro tempo, e dentro da casa, outras casas e outros jardins" (p. 64), e essa outra casa em cujos "espelhos/ Há o brilho febril de um tempo antigo/ Que se debate emerge balbucia" (*OP* III, p. 55), casa reencontrada em tantos textos da *Obra Poética*, rodeada de jardins ("perdido", "do mar", "da impossessão", etc) "transbordante[s] de imagens mas informe[s]" onde "se dissolveu o mundo enorme,/ Carregado de amor e solidão" (*OP* I, p. 47). Essa unidade proclamada ("E através de todas as presenças/ Caminho para a única unidade", *OP* I, p. 46) ancora-se num *eu* poético:

> Pois a minha poesia é a minha explicação com o universo, a minha convivência com as coisas, a minha participação no real, o meu encontro com as vozes e as imagens. (*OP* III, "Arte Poética – II", p. 95)

---

170 Idem, p. 28 ("Eurydice em Roma").

E Sophia faz coincidir esse *eu poético* com o *biográfico* e o *ensaístico* ao datar o seu primeiro encontro com o real representando-o na imagem da *maçã*, coincidente na *mais remota memória declarada* e na *ficção assumida*. Sujeito, texto, evocação estética e mundo, tudo se conjuga, por fim, numa única e luminosa *imagem emergente*, eminentemente simbólica e totalizadora: o "rosto [que] emerge branco da sombra" (p. 65). O *eu* poético dissolve-se no seu universo, fundido nele.

Confrontemos os textos.

Um dos primeiros objetos que encontramos na nossa visita são as *maçãs*. No meio da sala de jantar, uma mesa sublinha-as e oferece-as à observação:

> Tem no meio uma mesa comprida [...].
>
> No centro da mesa há um fruteiro redondo onde maçãs vermelhas se recortam sobre a madeira escura e a cal das paredes. Polidas e redondas as maçãs brilham e parecem interiormente acesas, como se as habitasse o lume de uma intensa felicidade [...]. (p. 63-64)

E, num texto que antecede a *Obra Poética*, originalmente dirigido a homólogos seus, Sophia começa por afirmar:

> A coisa mais antiga de que me lembro é dum quarto em frente do mar dentro do qual estava, poisada em cima duma mesa, uma *maçã* enorme e vermelha. *Do brilho do mar e do vermelho da maçã* erguia-se uma felicidade irrecusável, nua e inteira. Não era nada de fantástico, não era nada de imaginário: era a própria presença do real que eu descobria. (*OP* I, p. 7, itálicos meus)

Quarto dia
Confirmada *na análise esta hipótese de leitura, resta-me ainda refletir sobre o fato de certos momentos textuais* insinuarem *e/ou* sublinharem imagens *que me fazem evocar também outros autores e discursos estéticos,* reconhecer outra memória, *que excede a obra da poeta, mas que a esclarece e lhe confere maior densidade.*

Então:
Eis-me a expandir a ideia da museologia de uma memória íntima desta casa à da imbricação de uma interdiscursividade autoral numa intermedialidade estética ocidental.

Na *casa* feita de transparências e opacidades, a aparição de *fragmentos* surge, agora, como vestígio de um percurso por outras obras, memória do engendramento "de um projecto" (*OP* III, p. 226), e homenagem retórica de *detalhes* representativos de outras poéticas e discursos estéticos.

Se pegarmos na última imagem evocada, a das *maçãs*, verificamos que, valendo por si na obra da autora, ela também se insinua como "outra coisa": nela convivem uma estética *natural*, de harmonia, conjunção, sintonia, da unidade íntima do real e uma estética *artística*, sujeita à História, cristalizada em cânone(s). Daí as maçãs "*interiormente* acesas".

Símbolo pregnante do imaginário ocidental, evocando as origens míticas da História (o pecado original) ou as manifestações maléficas em geral (caso da maçã envenenada do contoário infantil), central na composição iconográfica (nos inúmeros *Paraísos* ou compondo a sua árvore o cenário para figuras, com destaque para a própria *Virgem com Menino*, como a escultura de Luca della Robbia, ou as pinturas de Crivelli ou Lucas Cranach) ou nas suas margens (caso d' *A anunciação com Sto Emídio*, 1486, de Carlo Crivelli, onde contrasta com a abóbora, símbolo da ressurreição), a maçã transita para a natureza-morta na *Cesta de Fruta* (ca. 1596) e no *Rapaz com Cesta de Fruta* (ca. 1593) de Caravaggio, ou para as cestas do *Vendedor de Vegetais* (s.d.), de Joachim Beuckelaer, do *Mercado de Frutas* (1590), da escola holandesa, ou d' *A Vendedeira de Maçãs* (1630), de Louise Moillon, ou d' *A Descascadora de Maçãs*, de Gabriel Metsu ou a de Terborch (1661), ou surge com a força da sua singularidade em retratos (*Rapaz com uma Maçã*, 1504, de Rafael, p.ex.) para assumir pleno protagonismo com o pincel de Cézanne. Ou, de outro modo: a maçã viaja do tempo mítico, colaborando na antropomorfização das naturezas-mortas com Arcimboldo, até à *Macieira* (1912) de

Klimt e aos seus pomares (por Pissarro e outros), à sua banalização por Andy Warhol (*Maçã*, 1983 e a sua imagem de marca informática de 1985), e ao seu emblematismo da atualidade na litografia *AIDS Prevention* (1985) de David Lane Goines, etc.

Multiplicada quase sempre sobre a base contrastante de uma toalha branca, ou ainda mais destacada pelos fruteiros altos ou pelas grandes cestas, combinando-se ou não com outros frutos, a maçã domina as naturezas-mortas de Cézanne que chega a sinalizar-lhe espetacularidade com uma cortina (*Natureza-morta com uma Cortina*, 1899) que, ao contrário das suas homólogas, vem apresentar uma novarepresentação que perde profundidade perspéctica, biplanificando-se no adensamento material da pincelada que a dota também de paisagem *celular*:

> [...] postas em evidência pela luz, sobre pratos de porcelana ou toalhas brancas, são lançadas sobre a tela com traços grosseiros e a tinta é espalhada com o polegar. De perto, vê-se apenas uma desordem caótica de vermelhos vivos e amarelos, de verdes e de azuis. Mas, vistas a uma certa distância, transformam-se em frutos óptimos e suculentos, que despertam o apetite. E, de repente, apercebemo-nos de verdades novas, até então desconhecidas: tonalidades estranhas, mas reais, manchas de cor de uma originalidade única, sombreados ao longo dos frutos sobre uma toalha branca, mágicos devido à sua coloração azulada quase imperceptível – tudo isto transforma estas obras em autênticas revelações [...].[171]

É esta *maçã* de memória esbatida pela modernidade materialista que Braque cita (*Natureza-Morta*, 1926) e que Margritte afirma em *Isto não é uma maçã* (1964) e consagra em *O Museu de uma Noite* (1927); *A Memória* (1945); *O Despertador* (1957); *O Quarto de Escuta* (1958); *O Mundo Belo* (1962); *Recordação de viagem* (1962); *A Grande Mesa* (1962) ou *A Fada Ignorante* (s.d.) e dota de emblematismo em *O Filho do Homem* (1964) ou em *As Belas Realidades* (1964), subvertendo a ordem, a relação

---
171 Cit. por Hajo Düchting. *Cézanne*, Lisboa, Taschen, s.d., p. 171.

e as proporções dos objetos, negando o programa representativo no sentido mais rigoroso do termo. Maçã que acompanha, duplicada, o *Auto-retrato* (1889) com "auréola" estilizado de Gauguin, que codifica simbolicamente um programa estético onde convergem inovação e autoconhecimento.

E é essa maçã esteticizada pela progressiva enfatização formal e cromática que se multiplica e ilumina sobre a mesa da sala de jantar da casa do mar, posando para nós, para que a observemos, a pintemos, pensemos nela, mas também para contaminar com a sua dimensão estética o espaço englobante, denunciando-lhe uma cenografia conformada na História da Arte.

Citando obviamente Cézanne, Sophia fá-lo reconhecer, a um tempo, como conclusão de uma trajetória e início de uma nova era artística, iluminando essa transição, consagrando memória e prospectiva, instaurando a suspensão da temporalidade com uma presença, a sua, citada. E, de novo, a imagem estética é fator de ligação, operador de nexos, tem função *religiosa (re-ligare)* que a cenografia lhe sublinha, sugerindo a mesa comprida como altar desse outro ofício, coberto de alva toalha em cujo centro novo graal se eleva...

Outro exemplo de confluência mnésica, de *sobreimpressões*, é o dos *jardins* que rodeiam a *casa do mar*. Neles se combinam fantasmas de diferentes origens.

A memória mais imediata é a da poesia da autora, os jardins que a povoam, "perfumados", varridos pelo vento, outros lugares de "exaltação e espanto":

> Vi um jardim que se desenrolava
> Ao longo de uma encosta suspenso
> Milagrosamente sobre o mar
> Que do largo contra ele cavalgava
> Desconhecido e imenso.

[...]

Jardim onde o vento batalha
E que a mão do mar esculpe e talha.
Nu, áspero, devastado,
Numa contínua exaltação,
Jardim quebrado
Da imensidão.
Estreita taça
A transbordar da anunciação
Que às vezes nas coisas passa.[172]

Nesse cenário, a *casa do mar* seria uma *casa da poeta*, da arte autoral e de arte feita, de letra. Como pano de fundo, outras *casas dos artistas* se fazem evocar, desde as pintadas, às ficcionadas, às reais (como essa "casa-búzio" de Afonso Lopes Vieira, "que está rezando ao Mar" em poema de *Ilhas de Brumas*).

E, nesses lugares de *pedrinhas*, *areia*, *búzios*, *conchas*, etc, percebemos também reflexos pontilhísticos de outras vozes modulando a da "flauta na penumbra fina"[173]: Pessanha, Casimiro de Brito, etc.

Depois, mais mediatos, outros jardins se fazem evocar. Os da tradição oriental, zen, de silêncio e contemplação. Os da tradição cristã: do Paraíso, de tranquilidade e plenitude atemporais, das Delícias, de simbólica exuberância sensorial, do Amor, de serena comunhão existencial, etc. Os que concretizam sucessivas modelizações estéticas (renascentista, barroca, romântica, etc), exprimindo o tempo, a História, através da diferente relação entre o homem e a natureza. Os da tradição pagã, cenário de mitos.

Avançando pela casa, vou-me confrontando com uma multiplicidade de *espelhos*, *molduras* e *janelas*, signos de uma arte da *representação* cuja geometrização o Renascimento codificou e que a Arte foi explorando e complexificando maximamente. Plural da "Janela rente ao mar e rente ao tempo" (*OP* III, "Janela", p. 52) a que dedica um poema. Às vezes, interpenetrando-se, como

---

172 *Obra Poética* I, 4. ed. Lisboa, Caminho, 1998, p. 82-83.

173 Andresen, Sophia de Mello Breyner. *Musa*, p. 28 ("Eurydice em Roma").

quando o espelho está frente à janela e reflete também o mar, ou quando a moldura se projeta no espelho ou se confunde com a sua homóloga, numa vertigem de miragens, labirinto de imagens, de sombras, de transparências e de reflexos que parecem compor uma dança, uma história de metamorfoses.

Nessa profusão, a casa impõe definitivamente a sua dimensão estética, assumindo-se como espaço da Arte, dos seus fantasmas, desses que Sophia vai tentando consciencializar, exibir e dominar, emoldurando-os e fixando-os entre molduras, museologicamente.

Porém, o dinamismo íntimo da casa (endógeno), repercussão também do mar (exógeno), impede essa fixação, a suspensão da vida das imagens, favorecendo a sua metamorfose:

> E ali se vê o brilho vivo que navega no interior da sombra. Ali se ouve a linguagem que, como nenúfar, aflora à tona das águas paradas do silêncio. [...] Ali o ar, em frente dos espelhos, oscila e parece arder [...]. (p. 68)

Na instabilidade do visível, surpreendo reflexos vagabundos de uma presença denunciada pelo vento (que "faz voar em frente dos olhos o loiro dos cabelos", p. 61), semiocultada "pela penumbra e pela luz" no instantâneo de uma fotografia ("a mão polida [...] que docemente poisa sobre a mesa, o perfil sereno e claro com o cabelo brilhando sobre o vestido escuro, o [...] pescoço fino [...]", p. 65) emergindo da sombra ("o rosto emerge branco da sombra") ou revelando-se no espelho (que "mostra o outro lado do perfil"). Imagino-a no quarto com "algo de glauco e de doirado":

> [...] uma mulher de olhos verdes e cabelos loiros, leves e compridos, de um loiro brilhante e sombrio, e cujo perfume é o perfume do sândalo. A beleza da sua testa é grave como a beleza da arquitrave de um templo. Nos seus pulsos há um quebrar de caule. Nas suas mãos, através da finura da pele, o pensamento emerge [...], ora revelando ora escondendo o interminável brilho dos olhos magnéticos, verdes, cinzentos, azuis e desmesurados como mares.

[...] [A]s mãos, macias como pétalas de magnólia, [...] longas madeixas de cabelo denso como searas e leve como o fogo. (p. 68)

Nessa figura onde o feminino parece ritmicamente esboçado segundo os moldes da antiguidade clássica e conformado pelo mar, configurando-se "em frente dos espelhos" adensada de mito e magnetismo, suspeito Vênus, símbolo da beleza premiada pela maçã de Páris, evocando outras *Metamorfoses*, as de Ovídio, cânone, desta vez, literário. O belo, portanto, com toda a panóplia da inteireza, da harmonia, etc que o tempo lhe foi conferindo e fazendo reconhecer, modelizando-o em diferentes e sucessivos cânones.

Essa figura difusa que começo por ser tentada a identificar como a dona e habitante da casa do mar e cujos reflexos vagabundos e fragmentários vou vislumbrando ao longo da minha visita acaba por emergir em triunfo no clímax que termina o conto, inteiramente dissolvida no "real [que] emerge e mostra seu rosto e sua evidência" (p. 71), ritmada pela rebentação das ondas, celebrada pelo clamor das vagas e pelas brumas incensórias:

> Pelo gesto de dobrar o pescoço e de sacudir as crinas, as quatro fileiras de ondas, correndo pela praia, lembram fileiras brancas de cavalos que no contínuo avançar contam e medem o seu arfar interior de tempestade. O tombar da rebentação povoa o espaço de exultação e clamor. No subir e descer da vaga, o universo ordena seu tumulto e seu sorriso e, ao longo das areias luzidias, maresias e brumas sobem como um incenso de celebração. (p. 72)

Ondas-cavalos representadas também na poesia ("Ondas"), nessa interdiscursividade que domina a obra da autora:

> Onde – ondas – mais belos cavalos
> do que estes ondas que vós sois?
> Onde mais bela curva do pescoço
> Onde mais bela crina sacudida
> Ou impetuoso arfar no mar imenso
> Onde tão ébrio amor em vasta praia?[174]

---

174 Andresen, Sophia de Mello Breyner. *Musa*, p. 11.

Essa fantasmática e entrevista "mulher de olhos verdes e cabelos loiros" que se vai deixando vislumbrar desde o início configura-se no final sobre a espuma das vagas como Vênus, "rosto-início" que, em "Memória", Sophia reconhece simbolicamente espelhado na superfície do signo estético, denunciando-lhe o ideal, o cânone, a genealogia, informando-o de narcísica reflexividade. Momento adensado por dupla citação de motivos clássicos com vastíssima representação iconográfica e literária que eu inevitavelmente evoco. Por um lado, a do nascimento e do triunfo de Vénus, consagrados por quadros como *O Nascimento de Vénus* (ca. 1636) de Nicolas Poussin (1594-1665), também conhecido por *Triunfo de Netuno e de Anfitrite* ou apenas por *Triunfo de Netuno*, onde ela, celebrada por tritões, contracena com este, que conduz um carro puxado por cavalos, ou como o quadro *O Nascimento de Vênus* (1863) de Alexandre Cabanel, em que ela emerge horizontalmente fundida com as ondas em suave rebentação. Por outro lado, a das ondas--cavalos de Netuno, lembrando toda uma linhagem que culmina com o célebre *Os Cavalos de Netuno* (1892), de Walter Crane (1845-1915), onde as ondas rebentam em longa fileira de cavalos brancos conduzidos por possante Netuno. Convergência e duplicação intensificadoras e consagradoras do acontecimento epifânico que a visita prepara.

Figura difusa, fragmentariamente visível, por fim, fantasmizada na criação. Criação: Natureza, mas também Arte (poema, conto, etc) e Conhecimento. Imagem que os representa simbolicamente, que os diz enquanto processo, acontecer e acontecimento.

Assim, se "A Casa do Mar" evoca hoje toda uma tradição de *casas* ficcionais, lugares axiais da configuração romanesca de projetos estéticos emergindo da articulação do literário e da realidade social (*Os Fidalgos da Casa Mourisca* ou *Casa na Duna*, p.ex.) ou existencial (*Nítido Nulo*, p.ex.), ou que escapam dele, concentrando-se no primeiro dos termos (*A Casa da Cabeça de Cavalo*, p.ex.), também se afirma como outra possibilidade estética: o de uma casa simbolizando o próprio processo de conhecimento, e, ainda, o de uma casa do conhecimento da Arte.

Esse *mar* com que o título a relaciona intimamente, não seria já o nacional, tematizado à exaustão na nossa *litera*, consagrando uma História e uma identidade, mas assume uma dimensão universal e simbólica, como já notei, e, também, especificamente estética, artística, como procurei demonstrar. A primeira hipótese interpretativa verificou--se insatisfatória, ainda que necessária para que as outras se fossem sucedendo em progressiva expansão e complexidade de observação.

E a casa parece habitada "por personagens [...], todos eles, estranhamente belos", como se "a arte do fotógrafo os tivesse idealizado" (p. 65) elevando-os a representações de "outra coisa", figuras anunciadoras, diferindo sentidos, fazendo-me buscar *para além* delas, sempre mais *além*. Tudo é afirmado como cenário de novos encontros com o real, anunciando-os: casa e jardim, "atentos", são "Estreita taça/ A transbordar da anunciação/ Que às vezes nas coisas passa"[175], lugares e matéria de expectância contaminando-me com ela. A narradora conduz-me "através de todas as presenças/ [...] para a única unidade"[176] anunciada, feita de *sobreimpressões*.

E, assim,

O pintor pinta no tempo respirado
[...]

Pinta o quadro dentro do qual o quadro
Se tece malha a malha como em tear a teia
O outro quadro convocador do convocado[177]

Na imagem ascendente e triunfal que o rumor da vaga celebra e exalta, "A Casa do Mar faz-me ver, afinal, como num espelho ou numa fotografia, em simultâneo, o seu reflexo, o de Vênus, que toda uma tradição estética consagrou, o da poeta e

---

175 *OP* I, p. 83.

176 Ibidem, p. 46.

177 *OP* III, "Para Arpad Szenes", p. 179.

o do poema, conjugando *fato, figuração* e *teorização*: é conto, metáfora de si próprio e do signo estético em geral, mas também apresenta uma teorização deste. Síntese. Como diz no poema "O Jardim e a Casa",

> E através de todas as presenças
> Caminho para a única unidade.[178]

E isso acontece ao ritmo a que "sílaba por sílaba/ O poema emerge/ — Como se os Deuses o dessem"[179].

O quadro *in praesentia* ("Para Arpad Szenes") que a descrição poética impõe ausenta-se progressivamente, codificado no símbolo ou nos sinais que o evocam, "lugar[es] do *fantasma*, o reverso de um espelho onde virtualmente fica uma imagem que não provém da realidade, mas, sim, da nossa imaginação"[180].

Em suma, "A Casa do Mar" é, por excelência, cena de memória *implicada, imbricada, finisterra* literária: na palavra (casa, jardim, etc), na imagem "iconografada" ou cenograficamente apresentada (maçãs), na sinédoque fugaz e metamórfica (Vênus) e no signo estético (moldura, espelho, janela). O que me convida a povoá-la, perscrutando-lhe as ausências, os hiatos, as margens e as sombras das suas *evidências*, a sua arquitetura de complexo palimpsesto que a reflexividade pode dotar de reversibilidade (a casa pode revelar-se também moldura de maçãs que, afinal, emblematicamente lhe estão na origem e que são susceptíveis de dizer a simbólica Vênus que, por sua vez, é a própria casa, ou texto...).

Assim, a poesia revela-se

> [...] o amor das palavras demoradas
> Moradas habitadas

---
178 *OP* I, p. 179.
179 *OP* III, "Liberdade", p. 205.
180 Guimarães, Fernando. *Artes Plásticas e Literatura*, Porto, Campo das Letras, 2003, p. 51.

Nelas mora
Em memória e demora
O nosso breve encontro com a vida"[181]

Dessa polivalência semântica da *imagem emergente* resulta a súbita aproximação do ponto de fuga subjetivo, movimento que apresenta e impõe "o mundo como um rosto amado"[182], promovendo um reconhecimento final e unificador que tudo funde com a paisagem onde *me* descubro também, confundida no reflexo do sujeito poético que nela se mira: "E no quadro sensível do poema vejo para onde vou, reconheço o meu caminho, o meu reino, a minha vida".[183]

---

181 *OP* III, "Breve Encontro, p. 204.
182 Ibidem, "Para Arpad Szenes", p. 179.
183 Ibidem, "Arte Poética-II", p. 96.

4. *Quarto diário*: "Cidades" (2007)
de Teolinda Gersão[184]

> Porque tudo dependia do olhar.
> (p. 104)

Primeiro dia
A de (um episódio de) uma história de amor vivida, perspectivada e narrada por ela.

A sua vida tornara-se intensa e muito breve, nos intervalos de um longo tempo cor de cinza. (p. 105)

Um tempo intermédio e o tempo em que "se sentiam vivos" (p. 105), quando preparavam novo encontro em nova cidade.

Uma viagem, um encontro, uma cidade.

Escrita e memória cartografando um mapa dúplice: o do espaço e o dos corpos. Duplicidade promovida pelo amor e pelos seus itinerários, impondo a equivalência entre ambos, a identidade. Porque a "identidade fazia parte do amor" (p. 102). E, assim sendo, cristalizava e planificava o *volumétrico*, o *tabular*: "A vertigem do tempo. Um lugar refletia outros lugares, os rostos outros rostos". (p. 104)

E outros duplos e reflexos adensavam o vivido: memória, observação, vivência. Um "casal americano na mesa ao lado... como eles próprios" (p. 101), "Também em Viena [...]" (p. 102), "Agora o quarto era outro [...]" (p. 102), "Mas na Bertranka [...]" (p. 103)...

Para nós, em contraluz, a nossa memória. A dos grandes mitos do amor ocidentais, em geral, dramáticos, como o sublinhou Denis de Rougemont[185] (Tristão e Isolda, etc). A do

---
184 Conto "Cidades" inserido na obra de Teolinda Gersão *A mulher que prendeu a chuva e outras histórias* (contos), Lisboa, Sudoeste Editora, 2007, p. 99-106. Por comodidade, as referências das citações do conto serão feitas no corpo do texto, imediatamente a seguir a elas.
185 Nos seus clássicos *L'Amour et l'Occident* (1939-1972) e *Les Mythes de l'Amour* (1972).

contoário popular e tradicional da nossa infância, ao contrário dos anteriores, com feliz desenlace (as princesas adormecidas ou acordadas que "viveram felizes para sempre"). A dos que a História e o quotidiano nos dão a ver e que a Arte tem reelaborado, quer nacionais (Pedro e Inês, p.ex.), quer estrangeiros (Abelardo e Heloísa, dentre tantos)...

Vida, escrita, memória conduzindo à descoberta do *sentido*:

> Caminhavam ao acaso, deixando-se levar pelo que acontecia, porque eram os choques casuais com a banalidade que de repente se revelavam portadores de sentido, como iluminações momentâneas. (p. 104)

Mas o *sentido* é instável, incerto, como se insinua entre parênteses (lugar, por vezes, de sugestões de leitura, de "avisos à navegação"): "[...] (eram factos lidos algures, ou a memória deles falseava-os?)" (p. 103)

E o mapa é lacunar, palimpsesto afetivo onde o amor se oculta, se dissimula, na memória e nos corpos, conferindo *invisibilidade* ao que elege e o acolhe:

> As cidades onde marcavam encontros furtivos, o mapa que iam traçando, ponto por ponto, no corpo e na memória, e incluía gares, hotéis, aeroportos, cadeiras do Jardim do Luxemburgo, o início do Tiergarten, o relógio do Bahnof Zoo, horários, mesas de café, altifalantes, lojas, impressos, chegadas e partidas, filas de trânsito onde táxis avançavam penosamente sob a chuva.
>
> Incluía todas as cidades possíveis excepto as deles, que se tinham tornado opacas, porque as tinham colocado provisoriamente num parênteses da vida. Ignoravam-nas, no tempo intermédio, e só se sentiam vivos a caminho de outras. A sua vida tornara-se intensa e muito breve, nos intervalos de um longo tempo cor de cinza. (p. 105)

Uma viagem, um encontro, uma cidade. Ciclo que termina *antes* do *início* da narrativa, oferecendo a imagem anterior à primeira, *in media res*, final antecipando a introdução, "os pés descalços no tapete, os sapatos atirados para longe, a roupa deitada no chão ao acaso, a urgência de outro corpo" (p. 99):

> (O percurso inverso: tomar um táxi no aeroporto, entrar no hotel, preencher os mesmos formulários, entrar no elevador, chegar ao quarto onde ele a esperava – os braços dele em volta do seu corpo, a sua mão desapertando a blusa, saber que esse momento começara muito antes – esse momento pelo qual já tinham começado a esperar, enquanto partiam). (p. 106)

Final que reescreve mesmo um fragmento do *incipit*, *sobreimprimindo* um no outro, literalmente sobrepondo as duas pontas do fio narrativo:

> [...] – a certeza de que esse momento começara muito antes, de que por ele tinham voado sobre rios, montanhas e países – [...]. (p. 99)

> [...] – esse momento pelo qual já tinham começado a esperar, enquanto partiam). (p. 106)

Sob *o ciclo que se encerra antes de ter iniciado*, nesse lugar da "moralidade" das velhas fábulas e parábolas, enuncia-se o comentário:

> Se o amor acabasse, pensaram saindo do táxi com as malas e partilhando ainda o mesmo guarda-chuva antes de partirem para destinos diferentes, se o amor acabasse, todas as cidades se tornariam ilegíveis. (p. 106)

E a imagem do "guarda-chuva" acena-me evocando os seus homólogos de um diário-ficção, diário da ficção, ficção de um diário: *Os Guarda-Chuvas Cintilantes* (1984). Com ele, impõe-se o simbolismo da escrita como ficção, fazendo equivaler a palavra ao guarda-chuva, este à caneta autoral e esta à "vassoura de prata"[186] de uma autora-feiticeira que, nela "montada", acompanhada por

---
....
186 *Os Guarda-Chuvas Cintilantes* (1984), Lisboa, Publicações Dom Quixote, 1997, p. 103.

um cão, em vez do tradicional gato, "atravessa[ndo] as épocas, as cidades, os mares, os continentes, [...] circula[ndo] livremente através de todos os sentidos do real e do vento" e "uivando de dor" quando percebe "a sua face humana e pobre e vulnerável" "de repente subindo da profundidade do espelho"[187]. E impõe-se também a interdiscursividade da obra de Teolinda Gersão[188]: creio reconhecer neste par outros pares, neste monólogo outros (começando no d'*O Silêncio*, 1981), neste *eu* outras figuras femininas em que a voz autoral se vai projetando e reconfigurando...

Porém, "[...] havia também aquela teimosia, aquele vício, que ambos tinham, de olhar os museus ao contrário [...]" (p. 104)

Segundo dia
A de que esta viagem evoque outras, toda uma tradição cuja dimensão estética legitimaria um lugar nessa museologia imaginária.

Ocorre-me a longa e rica tradição da literatura de viagens, metamórfica como a nossa cultura, que vai pontuando a História do Ocidente, documentando-a, representando-a e ficcionando-a[189]. Desde a viagem exterior à interior, da real à imaginária, de aquém a além-fronteiras, etc. Normalmente, gerada num olhar masculino.

Nessa tradição, destaca-se Marco Polo e *O livro das maravilhas*, também conhecido como *A descrição do mundo* (1502), na linha das narrativas de viagens da antiguidade clássica[190].

• •

187   Ibidem, p. 103-104.

188   Sobre esta problemática, refleti no meu ensaio *Teolinda Gersão: a palavra encenada*, inserido na obra escrita em coautoria com Teolinda Gersão e Fátima Marinho: *Teolinda Gersão: Retratos Provisórios*, Lisboa, Roma Editora (Coleção "Faces de Penélope", n.º 2), 2006, p. 9-118.

189   Cf. Fernando Cristóvão, *Para uma teoria da Literatura de Viagens*. In: Fernando Cristóvão (coord.), p. 15-52.

190   Esse modelo textual das "descrições do mundo" da Antiguidade Clássica assumia a tarefa de buscar, acumular e atualizar informação, tecendo-se da experiência, mas também de enciclopédica leitura. O desígnio de exaustividade informativa norteava essa escrita. Mais tarde, esse desígnio será entendido no pensamento cristão à luz da necessidade de observar, na sua totalidade e diversidade, provas da existência de Deus, como já disse em texto anterior, mas também compreensível numa cultura onde a individualidade ainda se dilui na mancha da comunidade e da história. E esse desígnio contiguizará

Com ele (e com outros), a declarada verdade desliza para o território da suspeita...

Dentre os que elegeram esse viajante de outrora, recordo Italo Calvino, em *As Cidades Invisíveis* (1972). "Cidades" e narrativas diferentes, independentes. Imagens sucedendo-se num diálogo imaginário entre Marco Polo e Kublai Khan. Aquele descrevendo a este 55 cidades longínquas, agrupando-as por temas (memória, desejo, morte, etc), organizando a narração pela rota reflexiva, cartografando o vasto império mongol pela associação mnésica:

> – [...] E tu? – perguntou a Polo o Grão Kan. Tornas de países igualmente remotos e tudo o que sabes dizer-me são os pensamentos que vêm à ideia de quem apanha fresco à tardinha sentado à soleira da porta. Então para que te serve tanto viajar?
>
> [...]
>
> Marco Polo imaginava responder (ou Kublai imaginava a sua resposta) que quanto mais se perdia em bairros desconhecidos de cidades longínquas, mais compreendia as outras cidades que tinha atravessado para chegar até lá, e voltava a percorrer as etapas das suas viagens, e aprendia a conhecer o porto de onde havia zarpado, e os lugares familiares da sua juventude, e os arredores da casa, e uma praceta de Veneza onde corria em criança.
>
> [...]
>
> E a resposta de Marco: – O algures é um espelho em negativo. O viajante reconhece o pouco que é seu, descobrindo o muito que não teve nem terá.[191]

Agora, sob o traço de Teolinda Gersão, vislumbram-se outros traços, sob o mapa amoroso desenhado pelo olhar feminino

---

a literatura a todas as áreas do saber: história, linguística, geografia, antropologia, etc. Títulos como *Imagem do Mundo* (ca. 1150), de Honorius de Ratisbonne, ou *Espelho da Natureza* (1258), de Vincent de Beauvais, são bem expressivos disso.

191   Calvino, Italo. *As Cidades Invisíveis*, p. 29-31.

pressente-se a velatura (Italo Calvino) do gerado pelo deslumbrado olhar masculino (Marco Polo). Como essa Tamara, onde

> O olhar percorre as ruas como páginas escritas: a cidade diz tudo o que devemos pensar, faz-nos repetir o seu discurso, e enquanto julgamos visitar Tamara limitamo-nos a registar os nomes com que ela se define a si mesma e a todas as suas partes.
>
> Como realmente é a cidade sob esse denso invólucro de sinais, o que ela contém ou oculta, o homem sai de Tamara sem tê-lo sabido. Fora dela [...] [, n]a forma que o acaso e o vento dão às nuvens fica o homem logo absorvido a reconhecer figuras: um veleiro, uma mão, um elefante...[192]

Ou aquela Zora que é

> [...] como uma armação ou um reticulado em cujas casas cada um pode dispor as coisas que lhe aprouver recordar: nomes de homens ilustres, virtudes, números, classificações vegetais e minerais, datas de batalhas, constelações, partes de um discurso. Entre todas as noções e os pontos do itinerário poderá estabelecer um nexo de afinidades ou de contrastes que sirva de mnemónica, de referência instantânea para a sua memória.[193]

Ou, ainda, a surpreendente Fedora, em cujo centro está

> [...] um palácio de metal com uma esfera de vidro em cada sala. Olhando para dentro de cada esfera vê-se uma cidade azul-clara que é o modelo de uma outra Fedora. São as formas que a cidade poderia haver tomado se não se tivesse tornado, por uma razão ou por outra, como hoje a vemos. Em todas as épocas alguém, vendo Fedora tal como era, imaginara o modo de fazer dela a cidade ideal, mas enquanto construía o seu modelo em miniatura já Fedora não era a mesma de antes, e o que até ontem havia sido um seu possível futuro agora era apenas um brinquedo dentro de uma esfera de vidro.

---

192   Ibidem, p. 18.

193   Ibidem, p. 19-20.

Fedora tem agora no palácio o seu museu [...].

No mapa [...], devem encontrar lugar tanto a grande Fedora de pedra como as pequenas Fedoras nas esferas de vidro. Não por serem todas igualmente reais, mas por serem todas só presumíveis. Uma encerra o que é aceite como necessário enquanto não o é ainda; as outras o que é imaginado como possível e no minuto a seguir já não o é.[194]

Entre "o mundo vasto e vário, as inevitáveis figuras míticas no tecto e os frescos nas paredes" e "as pessoas que as olhavam" (p. 103-104), envolvência "fascinante" e fascinada. Escrita de mais um "livro das secretas maravilhas"[195]...

---

194 Ibidem, p. 35.

195 *Os Guarda-Chuvas Cintilantes*, p. 82. Nesta designação, reúnem-se diferentes obras, referências em pano de fundo, contraluz.
O "livro das descobertas" evoca toda uma bibliografia das viagens e dos descobrimentos que tem como maior expoente o texto mais elaborado e canónico da epopeia, a nível nacional, *Os Lusíadas*. Mas também lembra aquelas coleções do tipo "The First Discovery Book" e o seu efeito de maravilha em nós, na idade das descobertas.
Le Livre des Fontaines (1525), de Jacques le Lieur, estudo das fontes da sua cidade de Rouen, é um dos manuscritos mais preciosos da sua Biblioteca Municipal.
Quanto ao "livro das ilhas": eram assim designados os isolários, a forma cartográfica introduzida e desenvolvida na Itália durante os séculos XV e XVI e, como o portolano ou guia de pilotos, têm a sua origem no Mediterrâneo, como guias ilustrados para os viajantes do mar de Egeu e do Levante. *O isolário, ou livro das ilhas* (1528), de Benedetto Bordone, foi o segundo isolário impresso, tendo sido o primeiro da autoria de Cristóforo Buondelmonte, publicado com anotações de Henricus Martellus Germanus entre 1480 e 1490. O português *Livro das Ilhas*, da Leitura Nova, o primeiro de uma série abrangendo o Brasil, a Índia e a África, o que faz dele um "Livro do Além-Mar", ficou concluído em 1552, após mais de vinte anos de elaboração. Esteves Pereira disse que ele é "um dos mais ricos" da Leitura Nova, com "verdadeiras maravilhas, cuja perfeita descrição requereria uma vida inteira" (cit. na edição monumental patrocinada pelos Governos Autônomos dos Açores e Madeira: José Pereira da Costa (dir., transcrição e notas). *Livro das Ilhas*, Açores/Madeira, Secretaria Regional da Educação e Cultura da Região Autônoma dos Açores/Secretaria Regional do Turismo e Cultura da Região Autônoma da Madeira, 1987, p. 13-14). Na sua esteira, apesar da diferença, surge o nosso *Historia Insulana* (*Historia Insulana das Ilhas a Portugal sujeytas no Oceano Occidental*) (1717), de Antonio Cordeyro, que conta a história das ilhas portuguesas no Atlântico, além de conter muitas citações genealógicas. *As Ilhas Desconhecidas - Notas e Paisagens* (1926), de Raúl Brandão, e *Açores – O Segredo das Ilhas* (2000), de João de Melo, poderiam ser duas das respostas da Literatura Portuguesa Contemporânea a esse modelo em ponto de fuga. No isolário de Teolinda, são as "ilhas ignoradas" (reescrevendo o título de Brandão) que estão em causa.
Por fim, *O Livro das Maravilhas*, título pelo qual é conhecido o célebre *A Descrição do Mundo* (1298), de Marco Polo, põe em cena esse grande protagonista da transição entre a tradição clássica e medieval da literatura de viagens e a mais radicada na experiência factual (e, em qualquer delas, de modo diferente, a ideia das maravilhas domina), e os seus epígonos, como o *Libro piccolo di meraviglie*, de Jacopo di Sanseverino. *O Livro*

Cidades. As "Cidades" lidas pelo amor (Teolinda Gersão), as ditas pelo viajante (Marco Polo por Italo Calvino), as míticas, perdidas nas sombras do tempo e da História e tradição (religiosas, políticas, arqueo-lógicas, exóticas, etc), as ditas de memória (Marco Polo a Rusticiano de Pisa) e em trânsito linguístico (do latim, pelo frei Francisco Pipino): todas *invisíveis, ocultadas*[196], sucessivas e dentro umas das outras, em *mise-en-abîme* mnésica ou potencial, todas configuradas pela palavra emocionada em que suspeita memória se verte...

Mapas. "Inexatos". Na "Sala dos Mapas" da Literatura, como nessa do Palazzo Vecchio, em que "África era também 'as Índias' e um dos braços do Nilo chegava ao Atlântico" (p. 101).

Contrastivamente, os antigos Mapas do Céu[197], oferecendo-no-lo cartografado de diversas formas (no oriente e no ocidente) e com diferentes objetivos (elaboração de calendários, desenho de uma via para um *além*, projeção da organização social, etc), organizado por 'mansões celestiais', traçando constelações, assinalando centros, justificando ciclos, registando obervações, às vezes, também desenhados em globos e planisférios. Os cartógrafos

---

das Maravilhas do Mundo (1357), de Mandeville, foi talvez a obra de maior sucesso nesse gênero que sempre se confrontava com o exercício de composição dos mundos, de recuso à memória e de recuperação da retórica topificada da *descriptio terrae*. Também o famoso *Félix* ou o *Livro das Maravilhas* (1288-1289), de Ramon Llull (1233-1316), nos fala das maravilhas de Deus em diferentes seções e constitui uma excelente enciclopédia do saber da época. (Textos traduzidos de Ramon Llull (1232-1316) <http://www.ricardocosta.com/>) Llull, considerado por alguns como patrono da poesia catalã, é autor, dentre muitos, do *Libre d'Amic e Amat* (1276), de prosa poética com elementos da lírica provençal, da mística árabe e do *Cântico dos Cânticos*, de Salomão. E esse capital simbólico e sedutor ainda é modernamente evocado por autores como de Nathaniel Hawthorne (1804-1864), com o seu *A Wonder Book* (1852), na literatura infantil, ou Lord Dunsany (1878-1957), com *The Book of Wonder* (1912), etc.
Teolinda Gersão responde-lhes com "o livro das secretas maravilhas" (expressão que usa no já citado *Os Guarda-Chuvas Cintilantes*, p. 82), como que fazendo reconhecer um novo modelo.

196 De acordo com a palavra da narradora de "Cidades" (Teolinda Gersão), com um dos títulos d'*As Cidades Invisíveis* (Italo Calvino), ou com a distância entre o lugar da descrição de Marco Polo e o lugar descrito.

197 Cf., p.ex., Carole Stutt. *Cartas Celestes (antigos Mapas do Céu)*, Lisboa, Dinalivro, 1998. No século IV a.C., os astrônomos chineses Shih Shen, Gan De (Kan Te) e Wu Xien (Wu Hsien) coligiram mapas que serviram de base ao Mapa Estelar de Chen Zhuo (século IV d.C.). No Ocidente, o primeiro 'catálogo' foi elaborado no século II a.C.

elaboravam, neste caso, estimulantes palimpsestos, *sobreimprimindo* o espaço celeste e o terrestre, sugerindo equivalências e relações, simbolismos...

Cidades e mapas. Como os dessa magnífica obra em seis volumes *Civitates Orbis Terrarum* (Colônia, 1572-1617)[198] editada por Georg Braun e gravada por Franz Hogenberg, com 546 imagens de cidades (entre panorâmicas e plantas), obra com a colaboração de Abraham Ortelius, responsável pelo *Theatrum Orbis Terrarum* (1570), grande atlas, em articulação com o qual *Civitates Orbis Terrarum* foi concebida para um público mais vasto. *Civitates Orbis Terrarum* reinterpretada agora em *Cidades do Mundo Renascentista* (Lisboa, Bertrand, 2008), de Angus Konstam e Michael Swift, que analisam mapas do século XVI e as reconfigurações de setenta cidades até à atualidade.

Cidades: lugares onde se vê o mundo mudar e onde muda a visão do mundo[199]. Também nos mapas[200]. E na Literatura. Cidades, Mapas e Literatura: cena da *distorção* inerente ao ato de representação (por projeção *cartográfica* do percepcionado), ao *olhar* do sujeito. Neste conto, um *olhar amoroso*.

Terceiro dia
A de que esta viagem cartografe também o itinerário de uma sedução pela palavra...

...no caso, a sedução de quem lê, a minha, agora.

Em contraluz: a de quem ouve, ouviu (?). Kublai Khan. Ou o rei Schahriar de Sheerazade, essa mítica narradora d' *As Mil e*

---

198 Em rigor este é o título do primeiro volume (cf. <http://purl.pt/12394>), tendo os demais volumes outros títulos.

199 Ou onde se procura promover essa mudança também. Por exemplo, é o caso da Associazione Culturale Le Città Invisibili <http://www.cittainvisibili.it/>, que, homenageando a obra de Calvino no próprio nome, assumiu refletir sobre a mudança de algumas em particular: as termas.

200 A configuração dos mapas e as técnicas cartográficas revelam inequivocamente o progresso do conhecimento e a mudança cultural: p.ex., na Idade Média, os mapas em uso na Europa eram frequentemente centrados em Jerusalém, e com o Oriente para cima; com os Descobrimentos, as áreas representadas aumentaram e o rigor também; etc.

Uma Noites (*Alf Lailah Oua Lailah*) de pérsica fantasia, símbolo maior da sedução pela palavra ficcional. O itinerário de uma sedução ou de uma iniciação (segundo alguns), o diário e o romance de um amor, a cartografia episódica de um imaginário compactando o feminino e o masculino, o ocidente e o oriente, o outrora e o agora.

Sedução de quem viveu, como confessou Italo Calvino numa conferência na Columbia University de New York, em Março de 1983:

> Questo libro nasce un pezzetto per volta, a intervalli anche lunghi, come poesie che mettevo sulla carta, seguendo le più varie ispirazioni.[201]

Também, a de quem leu e sobre isso fez "incisões". Como Colleen Corradi Brannigan:

> Dopo un'attenta lettura ed analisi di "Le Città Invisibili" di Italo Calvino, ho intrapreso una rappresentazione trascendentale di queste città misteriose, incredibili e immaginifiche. Il risultato è una serie di disegni ed incisioni, ognuna delle quali deriva da un'attenta riflessione sui significati reconditi dei racconti di Calvino.
>
> Le poetiche visioni tradotte in paesaggi prospetticamente inquietanti, vantano una certa sicurezza compositiva. I toni cupi presenti nella maggior parte delle acqueforti, aggiungono una forma di onirismo che, combinato con il magico mondo dell'illusione, rispecchia le realtà del quotidiano.[202]

E justifica-se, legitimando as suas "Città Invisibili" (*site*), declarando:

> Nelle "Città Invisibili" [de Italo Calvino] non si trovano quindi città riconoscibili, ma *immagini di città felici che continuamente prendono forma e svaniscono, nascoste*

──────────────────
201 Cf. em <http://www.italialibri.net/opere/cittainvisibili.html>.
202 Cf. em <http://www.cittainvisibili.com/>.

nelle città infelici, per offrire al lettore spunti di riflessione sulle problematiche delle città.[203]

Ou como Matteo Pegoraro, que também lhe dedicou um álbum musical com o mesmo título (*Le Città Invisibili*)[204]. Ou...

A luminosidade do *invisível*, o mapa de pontos cintilantes, o *espelho* apagado dessa natureza que os antigos narradores tentaram descrever (os velhos "espelhos da natureza"):

> À noite, no rio, para lá das pontes, acenderam-se as luzes, que dançaram no mesmo lugar. (O rio não corre, disseram. Este é um tempo imóvel. Suspenso). (p. 105)

Jogos de água e de reflexos, lembrando os de Maurice Ravel (de 1901)[205], homenagem a *Les jeux d'eau à la Villa d'Este* (1870), de Lizst, contemplando a novidade da justaposição bitonal de duas harmonias, reflexões, anunciando os também ravelianos *Miroirs* (1904-05), com os seus fragmentos de realidade...

Noturno. Sombreado pela noite, ritmado pelo sentimento amoroso e nostálgico, como John Field os consagrou (entre 1812 e 1836) e que Chopin veio a complexificar contrapontisticamente. Ao luar, esse Clair de Lune musicado por Beethoven e Debussy, pintado por Lantara, Manet, James Whistler, Fauré, Maeterlinck e Delvaux, (d)escrito por Verlaine e Maupassant...

Sobre os mapas delidos de outrora, esboçam-se diferentes contornos, desenham-se novas rotas, apagam-se trilhos, mudam-se fronteiras, liquidifica-se a terra, esfumam-se territórios, alteram-se *as cidades, os protagonistas, as histórias* e *as viagens*... imagens em *sobreimpressão*, refletindo-se mutuamente e transmutando-se na sua refração... *outroragora*...

---

203   Cf. em <http://www.cittainvisibili.com/tuttelecitta.htm>.

204   <http://www.moo.pt/musica/Matteo+Pegoraro/Le+Citt%C3%A0+Invisibili/>.

205   *Jeux d'eau* (1901), *Play of Water* ou *Fountains*.

...e...

>...O teatro da água continu[a] em cena. Sem correr a cortina. (p. 105)
>
>... uma tabuleta: 'teatro dell'aqua'. Gente sentada no paredão, a ver. (p. 100)
>
>... ou talvez fossem fascinantes porque eles as olhavam. Porque tudo dependia do olhar. (p. 104)
>
>... no *Theatrum Orbis Terrarum*...

e no literário.

Sobre a autora

Professora na Faculdade de Letras da Universidade de Lisboa, é Doutora e com Agregação em Literatura. Integrou a Missão para o Relatório sobre o Processo de Bolonha (2003-2004) e, no final, foi nomeada Conselheira para a Igualdade de Oportunidades do Ministério da Ciência e do Ensino Superior.

Presidente da Associação Portuguesa de Tradutores, membro da Administração do Observatório da Língua Portuguesa, dos Conselhos Consultivos da CompaRes – International Society for Iberian--Slavonic Studies, da Fundação Marquês de Pombal, do Instituto de Cultura Europeia e Atlântica e da Mesa da Assembleia Geral da Associação Portuguesa de Escritores e pertence a outras instituições científicas e culturais, com destaque para os seguintes centros de investigação: Clepul (Centro de Literaturas e Culturas Lusófonas e Europeias), a que presidiu de 2002 a 2012, Ceclu (Centro de Estudos de Culturas Lusófonas da Faculdade de Ciências Sociais e Humanas da UNL), onde é coordenadora, CEHME (Centro de Estudios Históricos de la Masonería Española) da Universidade de Saragoça, Centro de Estudos Culturais Brasil-Europa do Centro Universitário Assunção – UNIFAI, em São Paulo, GIA do Instituto Europeu de Ciências da Cultura – Padre Manuel Antunes, Círculo de Cipião – Academia de Jovens Investigadores.

Criou e dirige a *Tertúlia* e a *Revista Letras Com(n)Vida*, prestando também aconselhamento científico a outras publicações. Além de outras iniciativas, como a direção de coleções ensaísticas de referência, tem dezenas de participações em júris de prêmios literários nacionais e internacionais.

Foi agraciada com o Diploma de Mérito Cultural pela Academia Brasileira de Filologia e pela Faculdade CCAA (Rio de Janeiro, 2007), com a Medalha Municipal de Mérito – Grau Ouro pela Câmara Municipal de Oeiras (2010) e com a Medalha de Mérito Cultural do CLEPUL. Teve um agradecimento institucional do CEHME da Universidade de Saragoça em 2010.

Obras principais: *Eça de Queirós Cronista: do "Distrito de Évora" (1867) às "Farpas" (1871-72)* (1998); *Labirinto Sensível* (2003); *No Fundo dos Espelhos* (2003-07); *O Mito do Marquês de Pombal* (2004); *Breves & Longas no País das Maravilhas* (2004); *Emergências Estéticas* (2006); *Itinerário* (2009); *Cartografias Literárias* (2010); *Paisagem & Figuras* (2011); *Focais Literárias* (2012). Coordenou, também, dentre outras obras: *Teolinda Gersão: Retratos Provisórios* (2006); *De tempos a tempos. Júlio Conrado* (2008); *Homem de Palavra. Padre Sena Freitas* (2008); *Rui Nunes. Antologia Crítica e Pessoal* (2009); *Do Ultimato à(s) República(s): variações literárias e culturais* (2011).

Impresso em São Paulo, SP, em outubro de 2012,
em papel off-set 75 g/m², nas oficinas da Graphium.
Composto em Optima, corpo 10 pt.

Não encontrando esta obra nas livrarias,
solicite-a diretamente à editora.

Escrituras Editora e Distribuidora de Livros Ltda.
Rua Maestro Callia, 123
Vila Mariana – São Paulo, SP – 04012-100
Tel.: (11) 5904-4499 – Fax: (11) 5904-4495
escrituras@escrituras.com.br
vendas@escrituras.com.br
imprensa@escrituras.com.br
www.escrituras.com.br